SORS DE CET HOMME,
SATAN !

OUVRAGES DU MÊME AUTEUR

Faut-il encore exorciser aujourd'hui ?, préface du Dr Philippe Madre, Sarment, 2000.

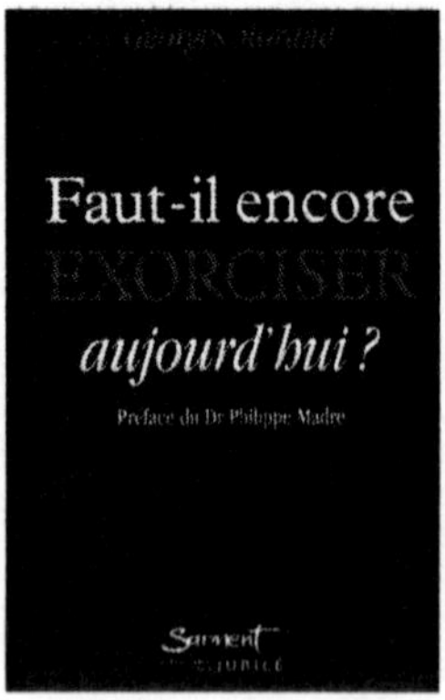

Le diable est sûrement le grand oublié de notre siècle, au point que sa tactique est de faire croire qu'il n'existe pas. Face à ces pratiques extrêmement dangereuses, le père Morand propose sur les traces de Jésus, la réponse de la Foi, de la prière, de la vie sacramentaire et parfois... de l'exorcisme.

Un livre impressionnant qui plonge le lecteur dans un monde qui serait terrifiant si la réponse n'était pas en même temps apportée.

N° Hachette 3507829

15 €

Guide Totus de l'Occultisme, Sarment, 2004.

Consulter son horoscope. Quoi de plus inoffensif !

Guérisseurs, voyants, magiciens... Sait-on ce que cachent ces pratiques mystérieuses ?

Un guide précis et complet pour mieux comprendre les pratiques occultes, leur histoire, leurs dangers, et nos moyens d'action, à la lumière de l'Évangile.

N° Hachette 3570629

10 €

POUR ALLER PLUS LOIN

Satan et les forces du mal, Ce que dit le Pape n° 20, Sarment, 1992.

Georges MORAND

Sors de cet homme, Satan !

Préface de
Mgr Daniel Perrot

Sarment
ÉDITIONS DU JUBILÉ

NOTE AU LECTEUR

1. Les références bibliques sont tirées habituellement de la *Bible de Jérusalem* (édition de 1975). Les modifications apportées le sont pour des motifs rédactionnels ou, certaines fois, pour assurer une traduction à mon avis plus exacte (ainsi pour la traduction de Marc 16, 15-20). De même, par une disposition typographique adaptée (soulignement, retraits,etc.), j'ai mis en relief ce qui me paraissait essentiel dans certains textes.

2. Les termes marqués d'une astérisque renvoient au petit glossaire des termes techniques (en fin de volume).

3. Selon les documents cités; la référence est donnée aux pages, aux numéros de paragraphe (n) ou (comme par exemple dans le *Dictionnaire de spiritualité*) aux colonnes.

Nihil obstat
Paris, le 4 novembre 1992
M. DUPUY

Iimprimi potest
Paris, le 5 novembre 1992
Père Charles BONNET

Imprimatur
Paris, le 5 novembre
M. VIDAL, v.é.

PRÉFACE

Ce livre est une provocation. Parler de Satan aujourd'hui, c'est tenir un discours insolite, incongru, « ringard », comme on dit, et dérangeant. Sans doute toute parole sur le Diable est-elle plus ou moins compromise par une imagerie folklorique où s'entremêlent des cornes et des fourches sur fond de flammes..., ce qui ne fait pas très sérieux. Puis-je, en passant, dire (sans être iconoclaste) que les œuvres artistiques — et même les plus belles — ont souvent porté tort à la foi, car les mystères comme ceux de la Trinité, de la Résurrection, du Jugement, du Ciel et des Anges sont proprement inimaginables ?

On a aussi souvent trop et maladroitement parlé du Démon : soit à la bonne franquette, comme la grand-mère qui reproche à son garnement de petit-fils d'avoir « le diable au corps », soit en contant fabliaux et légendes sur les méfaits ou les noirs marchandages de Méphistophélès... Ce qui nous entraîne dans l'imaginaire...

Alors, n'en faut-il rien dire ? Certes non ! Car se taire, c'est laisser penser qu'il n'existe pas... et lui rendre ainsi grand service ! Or ce livre veut nous provoquer à l'attention et à la réflexion. Il est, en effet, un témoignage. L'auteur y parle de ce qu'il a vécu. Il rapporte avec discrétion mais netteté des combats dans lesquels il s'est engagé avec vigueur, souffrance et prière. Il ne récite pas une doctrine apprise, mais il partage avec nous une longue expérience menée dans la recherche, la douleur et la foi.

Cette lutte déconcertante qui s'impose à lui laisse, dans un premier temps, l'auteur « tout songeur », comme il l'écrit. Mais, les faits se multipliant, sa formation universitaire le pousse à une investigation méthodique du problème ainsi posé à sa conscience pastorale.

Il consulte donc des prêtres qui exercent ou ont exercé par mandat de leur évêque la fonction d'exorciste diocésain. Il participe, en outre, aux réunions nationales qui permettent, chaque année, à la plupart d'entre eux de confronter expériences, réflexions et recherches. Il étudie attentivement la tradition dogmatique de l'Église — et, en particulier, son expression actuelle en des ouvrages contemporains — sur l'existence et l'action du Démon. En sorte que le témoignage porté dans ce livre est sans cesse éclairé par des données doctrinales. Peut-être même serait-il mieux de dire que l'auteur présente les situations vécues comme des illustrations du discours théologique.

Dans cette étude, la référence fondamentale est évidemment la Bible. Il est incontestable que, de la Genèse à l'Apocalypse, sous de multiples noms, du Serpent au Dragon, un Adversaire se dresse contre Dieu. Mais les textes de l'Ancien Testament spécialement, écrits avant la diffusion de la culture grecque, s'inscrivent dans une littérature où dominent le mythe, le symbole, la parabole et la poésie. Il faut les lire comme ils ont été écrits : accueillir leur message mais ne pas les prendre au pied de la lettre.

Les Évangiles synoptiques, qui évoquent le ministère de Jésus dans une alternance constante d'actes et de paroles, mentionnent souvent la présence et l'action malfaisante d'« esprits impurs » ou démons. Jésus, avec autorité, délivre les malheureux que ces esprits tourmentent. Dans bien des cas, il est possible, suggèrent certains exégètes, qu'il s'agisse de troubles organiques (l'épilepsie, par exemple) d'origine nerveuse ou mentale, que la médecine de ce temps-là ne savait ni diagnostiquer ni soigner... Jésus pouvait aussi bien guérir qu'exorciser.

S'il faut se garder, à mon sens, de voir le Diable partout, il importe, par contre, de reconnaître sa présence quand il est là. La thérapeutique, la psychiatrie, la psychanalyse peuvent aujourd'hui aider à discerner.

Ce livre est un appel au discernement. Chacun, au long des jours, est amené à considérer les motifs de ses choix, de ses décisions et de ses actes. Sont-ils inspirés par le désir de plaire à Dieu, d'être fidèle à l'Évangile, d'aimer davantage ou mieux ? Ou sont-ils, au contraire, conduits par la recherche du plaisir, par l'égoïsme ou la séduction du mal ? Dans le concret de la vie, nous avons tous à discerner quelle est sur nous la volonté de Dieu. Seule la lumière de la foi nous permet de percevoir en nous les appels et l'action de Dieu. Et parce qu'il est exercice de la foi, le discernement s'accomplit sous la motion de l'Esprit saint.

J'ai eu la grâce d'être pendant une dizaine d'années le délégué du cardinal-archevêque de Paris auprès des diverses communautés du Renouveau charismatique du diocèse. C'est d'ailleurs dans l'exercice de ce ministère que j'ai eu l'occasion de mieux connaître le père Georges Morand et de lier avec lui des relations amicales. Pour bien accompagner ces communautés, je me devais de vivre le plus possible avec elles. J'ai donc participé à un très grand nombre de réunions ou rencontres locales, diocésaines, nationales, voire internationales. J'ai pu constater à quel point le fait d'appeler l'Esprit saint, de s'ouvrir dans la prière à son action, de lui « donner pleins pouvoirs » transformait profondément des vies.

J'ai vu le renouveau dans l'Esprit faire jaillir une prière plus joyeuse et des témoignages de foi plus spontanés, susciter des relations fraternelles plus chaleureuses, éveiller des charismes de discernement, de compassion et de délivrance. Dans le dynamisme de la Pentecôte, la puissance de l'Esprit peut toujours, si nous l'accueillons à cœur ouvert, transformer et purifier le monde, faire triompher l'amour sur la haine, et manifester la victoire de la Croix.

Ce livre est un regard sur l'aujourd'hui du monde. N'est-il pas douloureux que, chaque jour, les médias de l'information déversent à portée de notre cœur l'interminable statistique des victimes d'inondations, séismes, éruptions volcaniques, sécheresses, famines, épidémies et toujours nouvelles catastrophes ? N'est-il pas plus épouvantable encore d'apprendre quotidiennement que l'homme est un loup pour l'homme par l'oppression des dictatures, les purifications ethniques et les génocides, les luttes tribales, les guerres fratricides et les attentats terroristes, par la tyrannie du profit, la corruption ou l'incurie des puissants qui écrasent les faibles, par le culte de l'argent, du sexe ou du pouvoir ?

Il est non moins vrai que, chaque jour aussi, des actions humanitaires se déploient au milieu des ruines, que des missionnaires portent au bout du monde et parfois au risque du martyre le message évangélique. Chaque jour, des voisins s'entraident, des malades sont soignés avec délicatesse, des artistes créent du beau, des époux s'aiment fidèlement et multiplient la vie, des hommes et des femmes cherchent Dieu... Dans notre monde se poursuit, gigantesque, le conflit entre l'amour et la haine, entre le Bien et le Mal..., ce combat universel, que chante l'Apocalypse, entre Dieu et l'Adversaire. C'est ce même combat que, dans notre faiblesse, nous percevons en nous-mêmes aux heures de révolte, d'écartèlement et de tentation.

Dans ce combat-là, qui est le nôtre, quotidien, celui du monde, toujours, et celui de l'Église, jusqu'à la fin des temps, seule la prière rend victorieux.

Daniel PERROT.

I

Satan existe, je l'ai rencontré

« Qui a Jésus a tout »

Rien ne me prédisposait à cette rencontre avec Satan. Je croyais qu'il existait et qu'il était puissant. Avec la foi de toute l'Église. Et c'était tout. Sans crainte ni obsession. C'était Jésus qui occupait et qui occupe encore toute la place. Et ceci, je le dois, après Dieu, à ma mère, au rayonnement de sa foi simple et robuste, éloignée de tout jansénisme comme de toute bigoterie. A cette prière du soir pleine de confiance et d'amour faite avec elle avant de m'endormir, ou souvent en famille.

Et c'est Jésus qui vint à ma rencontre. J'avais alors cinq ou six ans. Je feuilletais assis par terre une vieille histoire sainte de ma grande sœur et tombai en arrêt sur une lithogravure en noir et blanc représentant la Passion : Jésus sur sa croix, Marie et saint Jean, les deux brigands... Et soudain, inattendus, d'énormes sanglots ; je courus à la cuisine les cacher dans la robe de ma mère : « Mais, maman, comment ça se fait que Jésus nous aime tant et qu'il y a si peu d'hommes qui l'aiment ? » Qu'importe ce qu'elle me répondit. Je l'ai oublié depuis longtemps ! Mais l'essentiel était dit, ou plutôt s'était réalisé : mystérieusement, Jésus était venu frapper à la porte de mon cœur et de ma vie, ce que l'on appelle une vocation ! La réponse se fit peu à peu dans le silence de ma vie de chaque jour et c'est beaucoup plus tard que je le compris, au séminaire : ce jour-là, la semence avait été déposée en la terre vierge de mon cœur d'enfant, la semence d'une vie possédée d'un grand et unique amour, de cet Amour qui devait me conduire au séminaire pour que ma vie fût toute consacrée à faire connaître aux hommes que Jésus les aime.

Que dire de mon enfance ? Rien que de très ordinaire ! La vie de famille toute simple et l'intimité avec ma jeune sœur, les jeux et le travail scolaire, ces livres longuement dévorés (la Bibliothèque rose, puis verte, *Les Enfants du capitaine Grant* et tous les Jules Verne), les camarades... Et puis la prière du soir faite chaque jour à genoux au pied de mon lit... Pas de piété particulière (la messe de onze heures, le dimanche en famille dans une grande paroisse parisienne !). Mais chaque année, le Jeudi saint, le tour des « reposoirs » des églises du quartier et, vers cinq-six ans, cette première messe que je servis, selon le vœu de ma mère à ma naissance (je survécus à grand-peine, grâce au miracle quotidien de l'amour et des soins maternels), à la chapelle des Orphelins d'Auteuil dédiée à la « petite Thérèse ». Le célébrant n'était autre que le célèbre père Brottier aujourd'hui béatifié. Souvenir de son accueil paternel, de sa grande barbe de missionnaire qui m'impressionnait tant ! Désormais ma joie fut de servir la messe, les petites messes basses où j'étais plus à l'aise que dans la solennité des grands-messes... Le court passage de ma tante Madeleine, fille de la Charité, de retour de mission à Madagascar. Mais surtout cette longue attente de ma première communion, ce grand désir inassouvi de « recevoir Jésus » ; il me fallut patienter jusqu'à ma communion solennelle, à onze ans : mes deux aînés ayant attendu cet âge, selon le conseil d'un père dominicain peu favorable à la communion des petits enfants, ma mère ne voulait pas susciter leur jalousie ! Du catéchisme, pas grand souvenir. Je m'arrangeais pour réciter la leçon le dernier et l'apprenais en écoutant les autres la réciter ! De la retraite préparatoire à la communion, pas beaucoup plus, sinon la devise de Jeanne d'Arc rappelée par le prédicateur : *Messire Dieu, premier servi*. Et, le lendemain, mon émotion et ma gravité quand je proclamai : « Je renonce à Satan, à ses pompes et à ses œuvres et je m'attache à Jésus-Christ pour toujours. » C'est peu après que je confiai à mon aumônier de lycée ce désir de devenir prêtre qui depuis longtemps m'habitait, plus ou moins consciemment selon les moments...

Les années suivantes au lycée et à l'aumônerie, durant l'Occupation et ses épreuves ; la joie des longs étés dans le Beaujolais auprès de ma sœur aînée et des huit enfants qui naquirent l'un après l'autre de son grand amour avec son époux, la joie aussi de la grande liberté dans la nature et du travail avec les vignerons. En classe de seconde, l'entrée à la J.E.C. et l'approfondissement de ma foi : les premiers essais d'apostolat avec mes camarades, la découverte d'une petite méditation d'Évangile chaque soir (dont j'extrayais une courte phrase déposée en mémorial sur mon agenda), un dialogue régulier avec l'aumônier, les premières retraites, les premiers camps de jeunes. Telle fut mon adolescence.

Mais une fois le bac passé, impossible de fléchir mes parents : « Tu entreras au séminaire quand tu auras achevé tes études et que tu auras un métier en main. » A contrecœur, deux années d'intense travail intellectuel en khâgne (préparation littéraire à l'École normale supérieure)... dont je rendrai grâce longtemps après seulement ! Mais ce fut, dans un lourd climat familial, un temps de maturation bien utile, la poursuite de l'apostolat lycéen, la découverte du service des jeunes en milieu populaire (« patro », colonie de vacances). Les combats de l'adolescence, bien sûr, mais mon cœur est trop pris par le Seigneur... Et Celui-ci veille. Les questions métaphysiques aussi qui troublent ou font vaciller la foi de tant de jeunes ; pas la mienne ! Je peux dire avec Newman que, si j'ai rencontré dans ma foi bien des questions et des difficultés, jamais je n'ai eu à me battre contre de véritables objections. Aucune de celles qu'on me présentait ne me semblait de taille à mettre en doute cette foi qui s'approfondissait et se fortifiait paisiblement !

Dès le premier jour du service militaire, je suis fiché comme « séminariste », à la suite d'une confidence faite au capitaine. Et le premier soir, c'est l'épreuve : après un court combat intérieur je me mets à genoux au pied de mon lit... Quolibets attendus des quarante jeunes recrues... Le lendemain soir, les quolibets redoublent, puis ils s'atténuent et même une courte zone d'un silence relatif vient respecter ma prière ! Au bout de quelques jours, un camarade m'imite, puis un autre. Nous serons finalement quatre ! Avec l'un d'entre eux, séminariste fils d'un mineur polonais, je récite le chapelet, le soir après l'exercice. Quand on sonne le clairon, nous nous signons et je l'entends murmurer : « Et les anges diront le reste ! » Interloqué, je me tais, mais je lui demande quelques jours plus tard la raison de ce petit rite : « Parce que ma petite sœur le dit », me répond-il avec un merveilleux sourire ! Cher « Bros » (comme nous t'appelions), si tu savais combien j'ai reçu du Seigneur à travers toi ! Jeune aspirant de chasseurs alpins, j'étrenne mes galons à Barcelonnette, et suis tenté d'en abuser... Merci, capitaine D., d'avoir brutalement rabaissé ma jeune prétention, mais que de mal j'ai eu à vous le pardonner ! Et merci, cher père Silve, au jeune et rayonnant sacerdoce, qui avez su si bien m'accueillir et soutenir mon apostolat auprès des jeunes recrues !

Début des années cinquante... enfin le séminaire ! Je me crois au paradis. Des maîtres remarquables, la découverte de la longue oraison quotidienne, de la Bible, des auteurs spirituels (*L'Expérience de la présence de Dieu* du frère carme Laurent de la Résurrection, les écrits spirituels d'Élisabeth de la Trinité : être une « louange de gloire » qui monte vers les trois personnes divines), la philosophie de saint Thomas d'Aquin (quelle bouffée d'air frais après les tours et détours des philosophies contemporaines jusqu'ici étudiées !). Mais aussi le grand choc pour moi qui ai si longtemps attendu mon entrée au séminaire : c'est le début de la « crise » dans les séminaires et de ce grand vent de critique destructrice qui va secouer toute l'Église de France dans les années soixante. Au bout de deux ans de tension nerveuse croissante, on me demande d'aller passer deux ans en fac...

J'y resterai trois années. En Sorbonne. De grands maîtres, un fécond travail d'approfondissement et d'ouverture intellectuelle. Licence, D.E.S. de lettres, initiation à la recherche. J'en découvrirai plus tard toute la fécondité dans mon ministère. Mais plus encore, le rayonnement de la foi et du dynamisme sacerdotal de l'abbé Charles animant d'une main de fer le Centre Richelieu et l'apostolat en milieu étudiant. Ma foi se structure autour du mystère du Christ mort et ressuscité pour le salut des hommes, mon zèle missionnaire s'épanouit dans une Église sûre de sa foi et ardente à en rendre témoignage, mon cœur s'élargit au contact des étudiants de tous les continents et de toutes les religions auprès desquels je suis envoyé en « mission », comme à celui des élèves du lycée de banlieue où je suis nommé professeur. Merci à vous pour tout cela, père Charles, et plus encore pour cette grande leçon d'humilité sacerdotale que vous m'avez donnée un jour...

Me revoici pour quatre ans au séminaire, cette fois à l'Institut catholique avec des maîtres prestigieux : Cazelles, Feuillet, de Broglie, Henry, Bouyer, Daniélou ! C'est maintenant seulement que j'affronte le véritable travail théologique et en comprends la nécessité. Et les exigences... Mais comment, sans lui, être un témoin crédible de la foi de l'Église en ce monde constamment déchiré entre ses questionnements incessants et ses fausses certitudes ? Je l'ai compris mieux que jamais durant ces sept mois d'intermède militaire en Algérie, plongé dans ce drame qui a laissé tant de blessures chez tous ceux qui l'ont vécu de l'intérieur...

Enfin prêtre ! Joie de cette pâque ! Joie de ces premières messes : être Jean Baptiste qui montre Jésus du doigt et de la voix : « Il faut qu'Il croisse et que je diminue ! » Une année encore pour que tout cela mûrisse et se décante dans une longue prière et me voici professeur et directeur spirituel dans un grand séminaire. Joies et difficultés d'un jeune ministère auprès de séminaristes pas tellement convaincus de l'importance du travail intellectuel et pressés de se lancer dans le ministère apostolique. Larmes en ce jour de juin où le supérieur me demande de rejoindre mon évêque, déjà bien âgé, pour lui servir de secrétaire particulier. Humble et ingrat travail de bureau auprès de ce grand serviteur de l'Église qui, comprenant ma jeunesse, me permettra de poursuivre un apostolat spirituel de confesseur et d'aumônier de jeunes. Mais c'est durant ces années que j'apprendrai à mieux comprendre, aimer et servir l'Église... au lieu de la critiquer.

Quatre ans passent et, mon évêque prenant sa retraite, me revoici, mais cette fois à plein temps, aumônier de collège puis de lycée en plein quartier Latin autour de 68 ! Jusqu'au moment où, épuisé et comprenant que j'en ai fini avec les adolescents, je me retrouve nommé dans un grand sanctuaire. Le recteur, que j'ai bien connu dans ma jeunesse, a gardé (et nous fait partager) la même exigence missionnaire qu'autrefois, mais sa vision spirituelle s'est approfondie de la contemplation des richesses de la vie intérieure du Christ (le Sacré-Cœur) et de la communion à ses mystères à travers l'adoration eucharistique. Surtout, sa pensée théologique s'est enrichie par la méditation toute bérullienne* de l'Incarnation rédemptrice et par l'affrontement avec les tendances théologiques contemporaines. D'emblée, je me sens en communion profonde avec la remarquable équipe de prêtres dont il a su s'entourer et qu'il anime avec fermeté. « Théologie, prière, apostolat », le « trépied » fonctionne bien et j'y reçois la charge plus particulière des dames qui assurent l'adoration et des jeunes gens et jeunes filles qui travaillent. En onze ans, j'y verrai naître plus de quarante vocations masculines et féminines...

Sur la demande de « monseigneur », je pars en exploration pour essayer de comprendre ce qui commence à naître dans l'Église en ces groupes de prière qu'on qualifie de « Renouveau dans l'Esprit » ou « Renouveau charismatique ». Par-delà la joie de la louange partagée et de la simplicité des relations fraternelles qui frappent d'entrée de jeu, je m'y retrouve en communion profonde et vois prendre corps enfin ce qui se cherchait depuis longtemps en moi (notamment à la lecture des Pères grecs) : le déploiement de la puissance de l'Esprit Saint. A la Basilique, nous disions : « Le Cœur du Christ... d'où jaillit l'Esprit saint » ; à l'Emmanuel (la communauté charismatique qui m'avait accueilli), on disait : « L'Esprit saint... qui jaillit du Cœur du Christ ». Et tous se retrouvaient à... Paray-le-Monial !

A l'issue de cet itinéraire, je pose une question que certains lecteurs se sont peut-être posée : pourquoi ce besoin de raconter ma vie ? Pour rendre grâce d'abord au Seigneur qui seul a tout conduit et m'a longuement préparé à cette redoutable rencontre avec l'Adversaire. Pour bien montrer ensuite que rien ne m'y prédisposait : aucune inquiétude dangereuse, aucun penchant malsain pour l'extraordinaire et le morbide, aucune naïveté émotivo-intellectuelle non plus. Je m'étais trop longuement frotté aux exigences de la critique rationaliste et aux méthodes des sciences humaines pour succomber aux premiers pièges du sensationnel !

Rencontres avec Satan

Juillet 19·· — Paray-le-Monial. En cet après-midi d'été, à la session du Renouveau charismatique animée par la communauté de l'Emmanuel, j'ai à choisir entre plusieurs ateliers. Par pure curiosité, je choisis celui animé par Emmanuelle (devenue depuis sœur Emmanuel de la Communauté des Béatitudes) sur la « prière de délivrance ». De quoi peut-il s'agir ? Je n'en ai alors aucune idée et écoute avec stupeur et scepticisme le témoignage de cette jeune fille et le dialogue qui s'ensuit avec les personnes rassemblées autour d'elle. Lecteur assidu du *Supplément*[1] et autre revues et ouvrages qui essaient de faire le lien entre la vie spirituelle et les sciences humaines, je n'avais jamais eu l'idée (qui m'aurait paru médiévale) d'attribuer à des liens d'origine démoniaque des difficultés spirituelles qui me semblaient relever bien plutôt de la seule psychologie, voire de la psychanalyse ou de la psychiatrie !

---

1. *Le Supplément,* revue d'éthique et de théologie morale, Éd. du Cerf.

Je regagnai, rêveur et pas du tout convaincu, mon ministère parisien. Mais les paroles entendues faisaient sans doute souterrainement leur chemin et un jour s'imposa à moi la question : le cas de ces deux personnes que je voyais régulièrement en direction spirituelle, et devant les difficultés desquelles je demeurais désarmé, ne relevait-il pas de ces « liens » mystérieux ? J'allai en parler avec Emmanuelle qui me proposa de les rencontrer. Et ce fut ma première prière de délivrance : après un long temps de discernement, nous commençâmes à prier. J'écoutais Emmanuelle prier dans la louange puis commander avec force aux esprits mauvais, pendant que moi-même m'efforçais de prier silencieusement avec autant de foi que je le pouvais (c'est-à-dire bien peu !). Soudain, elle s'interrompit et me dit : « A toi, Georges, continue ! » Le saut dans la foi ! Rien de spectaculaire ne se produisit mais ce fut effectivement pour l'une puis pour l'autre de mes deux « dirigées » le point de départ d'un cheminement progressif de délivrance et de guérison intérieures. Le Seigneur avait pris les choses en main tout autrement que n'aurait pu le prévoir le « directeur de conscience » qui se croyait fin psychologue !

Quelques mois plus tard, de nouveau à Paray-le-Monial, j'étais désigné par la même Emmanuelle comme l'un de ceux auxquels on pouvait s'adresser pour une prière de délivrance. J'apprenais beaucoup à prier ainsi aux côtés de ceux qui avaient déjà l'expérience qui me manquait. Je voyais vivre par eux les charismes divers nécessaires en semblable occasion : la compassion, le discernement, la foi, la force... Au début, ma participation fut celle d'une prière toute silencieuse, et très vite il parut manifeste que je recevais et exerçais un charisme tout particulier pour aider le frère en difficulté à comprendre ce qui s'était passé dans sa vie et à vivre dans la paix et la foi ce moment intense de prière. Mais je me souviens encore de ce jour où j'assistais impuissant à la prière des frères, terrassé que j'étais par le doute, luttant avec peine contre mes pensées d'incrédulité : « Ces gens sont des illuminés... Cette fille ferait mieux d'aller voir un bon psychiatre... Dès ce soir je reprends le train pour Paris... », quand soudain les deux qui avaient mené jusqu'ici la prière avec foi et autorité furent à leur tour terrassés et paralysés par une crise de fou rire déclenchée par les réactions de défi et de moquerie de celle pour qui l'on priait ! A la seconde même, tous mes doutes s'envolèrent et, animé à mon grand étonnement de cette « foi qui n'hésite pas », je repris et menai la prière jusqu'à son achèvement !

Un mois plus tard, je me retrouve en Terre sainte avec un groupe de jeunes. Jéricho, le mont de la Tentation. Nous étions en train de prier dans la petite chapelle franciscaine au pied de la montagne et je lisais aux pèlerins l'évangile de la Tentation du Christ. Soudain, des hurlements dans la cour du couvent : je sors en hâte et vois une fille du groupe voisin se roulant par terre en proie à ce que je prends d'abord pour une crise d'hystérie. Je la conduis à l'écart et, avec quelques amies de la jeune fille, nous essayons, en vain, de la calmer puis commençons à prier doucement pour elle. Les hurlements redoublent et se transforment en abominables blasphèmes ! Jusqu'au moment où, me souvenant de ce que j'avais vécu à Paray, je reçois dans la prière la foi nécessaire pour oser une prière de délivrance. Le calme se fait presque instantanément et dans la prière peu à peu la paix, une paix nouvelle, cette paix que seul peut donner le Seigneur, s'instaure en cette fille qui se retrouve petite enfant sous le regard de Jésus ! A partir de ce moment, elle put poursuivre sans autre incident le pèlerinage et s'intégrer au groupe des pèlerins. Tout un chemin spirituel commença alors à s'ouvrir dans sa vie. Et peu à peu, je la vis avancer dans la connaissance et l'amour de Jésus.

De retour à Paris, je repris mon ministère habituel... avec un regard tout autre. Dans le cadre du sacrement de la réconciliation comme dans celui de la direction spirituelle, il me semblait parfois reconnaître en moi certain malaise intérieur qui me rappelait ce que j'avais vécu quelques semaines auparavant ; peu à peu revenait à ma mémoire tout l'enseignement des grands spirituels de l'Église sur le combat spirituel et les règles du discernement des esprits... Je me risquai, d'abord dans une prière silencieuse puis dans une invocation vocalement formulée, à demander au Seigneur de délivrer l'intéressé de ces liens mystérieux qui le paralysaient dans sa prière... ou de ces pulsions blasphématoires qui l'animaient. A maintes reprises je vis la paix et la liberté intérieure revenir, souvent quasi instantanément, chez celui ou celle qui étaient venus pleins d'angoisse requérir mon aide. Et peu à peu, par le va-et-vient entre ces expériences nouvelles, la réflexion sur la tradition de l'Église en ces matières et l'approfondissement des lumières que peuvent apporter les sciences humaines, je vis mon discernement s'affirmer. Non sans partager ces découvertes avec quelques autres prêtres du Renouveau qui avaient suivi un cheminement analogue au mien.

Sur ces entrefaites vint me voir une personne qui me demanda de l'aider dans les difficultés qu'elle éprouvait pour rompre avec sa vie passée et avancer avec Jésus sur son chemin nouveau. Tôt abandonnée par des parents alcooliques, longtemps soutenue en son enfance et adolescence par une vieille femme au grand cœur, elle s'était retrouvée livrée à elle-même sur le pavé de Paris. Malmenée par la vie, elle avait tâté de la magie et avait finalement trouvé un groupe d'amis qui l'avaient emmenée avec eux en Terre sainte. Capable selon les moments du meilleur et du pire, à la limite bien évidemment des troubles psychiatriques les plus graves, animée d'un grand désir de rejoindre Jésus mais emportée périodiquement par des pulsions de haine blasphématoire et de ricanements véritablement démoniaques, elle me laissait à chaque fois démuni et impuissant à l'aider jusqu'au jour où, implorant pauvrement Jésus, j'eus l'humble force que donne la foi de commander une fois encore « au nom de Jésus » à l'esprit mauvais qui la détenait dans ses liens, ses ruses et ses pulsions. J'eus quelque temps plus tard l'idée d'user de l'eau bénite : c'était en plein hiver et elle portait un épais manteau de laine ; dès que je commençai à murmurer un « Je vous salue Marie », elle s'enfuit à l'autre bout de la pièce et se blottit, terrorisée, face contre le mur en se bouchant les oreilles. C'est alors que je saisis dans mon tiroir un petit goupillon de poche avec lequel je lui lançai quelques très fines gouttelettes d'eau bénite. Elle ne pouvait ni voir mon geste ni sentir l'arrivée de l'eau sur le dos de son manteau ! Et pourtant ce fut immédiatement l'un de ces hurlements que l'on ne peut oublier de sitôt. Il me fallut ce jour-là lutter longuement dans la prière avec « celui » qui s'obstinait. Les hurlements redoublaient dès que je posais sur elle le crucifix. Enfin, la délivrance s'opéra et elle put repartir libérée, pacifiée, dans la joie de la prière retrouvée.

Cet épisode me décida à faire une démarche nouvelle : je pris rendez-vous avec l'exorciste du diocèse, ancien missionnaire à Ceylan où il avait eu maille à partir bien souvent avec l'Adversaire. Il m'écouta lui raconter longuement tous les événements de ces derniers mois et lui exposer le cas de ma « démoniaque », puis me proposa finalement de la lui amener. Après l'avoir longuement entendue, il tira la même conclusion que moi et la conduisit à la chapelle pour procéder à l'exorcisme. Dès qu'il priait, elle se raidissait, se débattait, prononçait des blasphèmes et des injures que la pudeur et le respect du nom de Dieu ne permettent pas de rapporter. Ses hurlements redoublaient quand il tentait de poser sur elle le Corps du Christ. Il me fallait toutes mes forces pour la maîtriser. Enfin le calme se fit et elle put repartir heureuse et pacifiée... jusqu'au jour où elle revint avec ce même air à la fois malheureux (et implorant mon aide) et plein de haine et de défi que je commençais à bien connaître. Nouveau rendez-vous, nouvel exorcisme... Ce fut un rude et long combat qui dura plusieurs années jusqu'à la libération définitive qui lui permet de vivre maintenant une vie humaine et spirituelle normale.

Entre-temps on m'adressa d'un peu partout des personnes souffrant de ce type de maux. Pour les unes, je les renvoyais à l'aide médicale qui me semblait appropriée, non sans les accompagner de l'aide spirituelle que tout fidèle peut attendre d'un ministre du Christ. Pour d'autres, je procédais à une ou plusieurs prières de délivrance, accompagnées parfois du « petit exorcisme de Léon XIII », que l'exorciste m'avait conseillé d'employer. Pour d'autres encore, je les accompagnais chez celui-ci, jusqu'au jour où il me donna mission de procéder moi-même à l'exorcisme tout en lui en référant. Ce que je fis. Mais devant la multiplication des cas, je décidai d'aller en parler au vicaire général, puis à mon évêque. Ces événements durèrent plusieurs années, durant lesquelles je fut invité à me rendre à la réunion annuelle des exorcistes diocésains. Enfin, l'évêque m'annonça qu'il avait nommé un nouvel exorciste pour succéder à celui que j'avais d'abord connu.

Ainsi s'acheva mon ministère officieux d'exorciste, mais non pas ma réflexion sur ces questions...

II

La foi de l'Église

Le catéchisme pour adultes publié en 1991 par les évêques de France parle à trois reprises de Satan, des esprits mauvais et de leur action. Brièvement, mais avec force et précision, il résume ainsi l'enseignement constant de la foi de l'Église :

> C'est en référence à la foi constante de l'Église et à sa source principale, l'enseignement du Christ, que doit être affirmée l'existence d'esprits mauvais.
>
> L'Écriture fait allusion à une « chute » originelle de certains anges (*cf.* 2 Pierre 2, 4 ; Jude 6). A ces esprits mauvais elle confère divers noms : Lucifer, Belial, Béelzeboul, et surtout Satan. Ces noms sont en rapport avec leur action maléfique (le Satan est l'Adversaire). En Israël, ces esprits sont souvent mis en rapport avec les cultes païens environnants, voire avec les tyrans qui, sur terre, en sont comme la figure vivante (*cf.* Isaïe 14, 12).
>
> L'existence des esprits mauvais est attestée également dans les Évangiles (*cf.* Matthieu 25, 41 ;

Marc 1, 13 ; Luc 22, 31 ; Jean 13, 27 ; etc.). Elle rejoint aussi l'expérience que nous faisons de forces cachées qui peuvent peser sur nos libertés et marquer aussi la vie des sociétés, si souvent impuissantes à réaliser leurs desseins.

Cependant, plus encore qu'à propos des anges serviteurs de Dieu et du Christ, l'Église a toujours combattu les spéculations qui aboutiraient à mettre une limite à la toute-puissance du Créateur, en établissant en face de Dieu certains esprits mauvais (ou l'un d'eux) qui auraient été depuis toujours en rivalité avec lui, comme s'il y avait à l'origine de tout deux principes, l'un bon (Dieu), l'autre mauvais (quel que soit le nom qui peut lui être donné). Les esprits mauvais sont des êtres créés bons par Dieu, qui se sont pervertis et ont perverti leur mission. L'opposition qu'ils représentent en face d'un Dieu essentiellement bon est liée à une « chute », assimilable à un péché (*cf.* 2 Pierre 2, 4 ; Jude 6).

Alors que les bons anges sont associés à l'œuvre du Christ, les esprits mauvais, ou démons, viennent lui faire obstacle. Dans le « Notre Père », Jésus enseigne à ses disciples à demander au Père de ne pas les exposer à la tentation et de les délivrer du Mauvais (*cf.* Matthieu 6, 13).

Cependant l'Évangile annonce la victoire définitive du Christ sur toutes les formes du mal. Par lui la Création est restituée à sa destination première (*cf.* Matthieu 12, 28), et l'homme rendu à sa liberté de fils de Dieu. (Nos 100 et 101 du *Catéchisme des évêques*.)

Mais, dès 1975, la Sacrée Congrégation pour la doctrine de la foi faisait paraître une longue étude intitulée « Foi chrétienne et démonologie[1] ». Partant du malaise actuel sur la question, l'auteur s'attache surtout à montrer que, du Nouveau Testament au concile Vatican II, la croyance en l'existence de Satan et des démons fait partie intégrante de la foi et de l'enseignement de l'Église. Il vaut la peine de donner de ce document important et peu connu une analyse détaillée.

Le Nouveau Testament

Les Juifs au temps du Christ étaient divisés sur la question : les sadducéens n'admettaient « ni résurrection, ni ange, ni esprit » (Actes des Apôtres, 23, 8), au contraire des pharisiens. C'est donc en toute liberté d'esprit et dans la claire conscience de ce qu'il disait et enseignait que Jésus se rangea sur ce point du côté des pharisiens... au moment même où ceux-ci l'accusaient d'être lui-même un possédé (Jean 8, 48) ou de chasser les démons « par Béelzéboul, le prince des démons » (Marc 3, 22). « Si Jésus a tenu ce langage, si surtout il le traduisit en actes par son ministère, c'est qu'il exprimait une doctrine nécessaire — au moins pour une part — à la notion et à la réalité du salut

1. Étude reprise en français dans *La Documentation catholique*, n° 1681, 3-17 août 1975, pp. 708-718.

qu'il apportait » (p. 709). Jésus à l'évidence ne se contentait pas de parler comme tout le monde sans s'engager sur le fond !

Tout au long de son ministère, Jésus nous est montré non seulement comme un maître ou un prophète qui enseigne la Parole de Dieu ou comme un thaumaturge qui accomplit toutes sortes de guérisons en faveur des malades ou des infirmes, mais comme opérant avec puissance la délivrance d'hommes tourmentés ou possédés par des esprits mauvais. Non seulement il procède avec succès à de multiples exorcismes mais il donne mission et pouvoir à ses disciples d'en faire autant. Souvent, dans son enseignement, il met en garde contre le Mauvais et ses pièges (paraboles du semeur et de l'ivraie, Matthieu 13), il nous invite dans le « Notre Père » à prier pour être « délivrés du Mauvais[1] ». Surtout il affronte celui-ci dans un combat décisif à deux moments clefs de sa vie : lors de sa tentation au désert aussitôt après son baptême (Marc 1, 12-13) et à Gethsémani (Jean 14, 30 ; Luc 22, 3 et 53).

Quand on rassemble toutes ces données, on voit à l'évidence qu'il n'est pas possible d'en minimiser la portée ou « de les traiter en données fabuleuses à démythiser* » (p. 710).

---

1. Les exégètes contemporains considèrent que, dans la prière du Seigneur, le mot « mal » est à prendre au masculin, désignant la personne du Mauvais et non le mal, fruit de ses œuvres.

La pensée de saint Paul est dominée par le mystère de la mort et de la résurrection du Christ d'où jaillissent pour nous non seulement la victoire sur le péché et la mort mais surtout le don de l'Esprit et la vie « dans le Christ ». Cette victoire sur le péché et « la chair » (c'est-à-dire la vie humaine en tant qu'elle est sous l'esclavage du péché et de la mort qui en est le fruit) n'est pas une simple victoire morale sur nos péchés personnels (et nos libertés déviées). Elle est d'abord le fruit d'un combat que le Christ Seigneur nous invite à mener avec lui « en résistant aux manœuvres du Diable. Car ce n'est pas contre des adversaires de sang et de chair que nous avons à lutter, mais contre les principautés, contre les puissances, contre les régisseurs de ce monde de ténèbres, contre les esprits du mal qui habitent les espaces célestes. [...] Ayez toujours en main le bouclier de la foi grâce auquel vous pourrez éteindre tous les traits enflammés du Mauvais » (Éphésiens 6, 11-16). Comme dans l'Évangile, l'apôtre voit le mauvais à l'œuvre « dans ce qu'il appelle le "mystère d'iniquité" (2 Thessaloniciens 2, 7), dans l'incrédulité qui refuse de connaître le Seigneur Jésus, voire même dans l'aberration idolâtrique, dans la séduction qui menace la fidélité de l'Église au Christ son Époux, enfin dans l'égarement eschatologique* qui conduit au culte de l'homme mis à la place de Dieu » (p. 710). On a là des indications précieuses pour nous permettre aujourd'hui d'exercer le nécessaire discernement entre les pensées et les actes pervers de l'homme qui se laisse séduire par l'Adversaire et l'action sournoise et puissante à la fois de celui-ci. Le premier a besoin d'être éclairé en son esprit, converti en son cœur, délivré en ses puissances d'agir ; le second est l'objet d'un combat victorieux mené par le Christ et, avec les armes du Christ, par le chrétien fidèle (2 Thessaloniciens 2, 1-12).

Les écrits johanniques nous montrent en Jésus le Fils, le Verbe de Dieu venu dans la chair pour communiquer aux hommes la Lumière et les introduire dans la Vie, la Vie éternelle, la Vie même de Dieu. Mais cette œuvre que le Père a confiée à son Fils ne s'accomplit pas seulement par une pacifique influence. Elle exige d'abord un terrible combat de la Lumière contre les ténèbres, de la foi et de l'amour contre le péché, du « Fils de l'homme » venu dans la chair contre « le prince de ce monde », « l'Adversaire » de Dieu et des hommes, appelé communément « Diable » (c'est-à-dire « Accusateur ») ou « Satan » (Jean 12, 31 ; 14, 30 ; 16, 11). Pécher, c'est se rendre volontairement esclave de celui-ci et le prendre pour père de manière absurde et blasphématoire, car Dieu seul peut être Père, Source de Vie, de Lumière, d'Amour et de vraie Liberté (Jean 8, 34-51). Sous des symboles multiples, l'Apocalypse nous dévoile quelque chose de ce long et douloureux combat qui se mène tout au long de l'histoire des hommes et trouvera son point culminant dans la victoire décisive de l'Agneau quand il viendra dans toute sa gloire à la fin des temps (Apocalypse 19-20).

La Tradition de l'Église

Le document de la Sacrée Congrégation évoque rapidement l'enseignement unanime des Pères de l'Église (les grands théologiens des premiers siècles) qui ne fait que développer ces données du Nouveau Testament, mais il s'attarde longuement sur l'enseignement solennel du IVe concile du Latran (1215). Pour la première fois, depuis le début de son histoire, en effet, l'Église est confrontée à la résurgence des vieilles croyances issues du paganisme qui avaient suscité les doctrines et sectes « gnostiques »*, puis le dualisme des doctrines manichéennes* venues de l'Iran dont le grand saint Augustin lui-même eut tant de mal à se débarrasser.

A la suite de ces antiques disciples de Manès, les cathares ou albigeois ne niaient certes pas l'existence et l'action du Diable, mais bien au contraire élevaient celui-ci au rang d'un principe éternel du mal et en faisaient l'éternel contrepoids, mauvais, du Dieu source de tout bien. C'est une solution simple du problème du mal mais qui remet en cause radicalement le fondement même du monothéisme judéo-chrétien. C'est ce qui donne occasion à l'Église de réagir vigoureusement en réaffirmant solennellement sa foi de toujours et en condamnant sans ambiguïté possible ces vieilles doctrines que l'on avait cru oubliées depuis longtemps :

> Nous croyons fermement et nous professons simplement [...] un Principe unique de l'univers, Créateur de toutes les choses visibles et invisibles, spirituelles et corporelles : par sa force toute-puissante dès le commencement du temps il créa tout ensemble de rien l'une et l'autre créature, spirituelle et corporelle, à savoir celle des anges et celle du monde, puis la créature humaine, qui tient en quelque sorte de l'une et de l'autre puisqu'elle est composée d'esprit et de corps ; *car le Diable et les autres démons* ont été *créés par Dieu naturellement bons,* mais ce sont *eux qui, d'eux-mêmes, se sont rendus mauvais ;* quant à l'homme, il a péché à l'instigation du Diable. » Ainsi, conclut l'expert de la Sacrée Congrégation, « la condition de créature, l'acte libre par lequel le Diable s'était perverti appartenaient depuis longtemps à la foi de l'Église [...] En les insérant dans son symbole le concile ne fit que consacrer leur appartenance à la règle universelle de la Foi (pp. 714-715).

L'intérêt de cette déclaration conciliaire ne réside pas dans ce qu'elle nous donnerait un enseignement nouveau, mais dans ce qu'elle s'appuie sur la foi universelle et constante de l'Église en l'existence de Satan et de ses démons et dans le rôle maléfique qu'ils jouent pour rejeter l'affirmation nouvelle et scandaleuse selon laquelle ceux-ci ne seraient pas des créatures créées bonnes par Dieu et dévoyées dans leur liberté mais de véritables divinités mauvaises coéternelles à l'unique Dieu bon, seul créateur de toutes choses.

Après un bref passage sur l'enseignement du concile Vatican II, notre document achève son argumentation en évoquant la place importante tenue par la démonologie dans la liturgie de l'Église, c'est-à-dire dans sa prière officielle, en laquelle celle-ci a toujours reconnu l'expression vivante de sa foi. Le rituel du baptême et celui de la pénitence publique, l'existence du ministère ordonné d'exorciste (l'un des quatre ordres mineurs conférés aux clercs avant l'ordination au diaconat et au presbytérat), nombre d'oraisons du Missel romain expriment sans doute possible l'importance que l'Église a toujours attribuée dans sa mission de salut à la lutte contre les démons. Notre auteur reconnaît qu'à la suite des récentes réformes ligurgiques cet aspect du combat de l'Église a été largement minimisé. « N'allons pourtant pas en conclure à une récession ou à une révision de la foi. Le Missel romain de 1970 traduit toujours la conviction qu'a l'Église au sujet des interventions démonologiques » (p. 717). Il cite parmi les lectures des messes dominicales nombre de textes bibliques qui évoquent le combat contre le(s) démon(s). Il aurait pu citer aussi l'oraison de la messe du Mercredi saint :

> Puisque tu as voulu, Seigneur, que ton Fils fût crucifié pour nous afin de nous arracher au pouvoir

de Satan, fais que nous puissions recevoir la grâce de la résurrection.

Mais il ne pouvait malheureusement pas citer l'ancienne oraison du 17e dimanche après la Pentecôte qui a disparu du nouveau missel :

> Donne à ton peuple, Seigneur, la grâce d'échapper aux influences du démon et, dans la pureté de son cœur, de ne suivre que Toi, le seul Dieu.

Il évoque aussi le nouveau rituel du baptême, moins explicite que l'ancien mais suffisamment clair.

Le baptême de C.

A ce propos, j'évoquerais volontiers un épisode particulièrement frappant de mon ministère baptismal. C. était une adorable petite fille de six ans qui demandait avec persévérance à être baptisée. Ayant quitté la maman, le papa, très antireligieux, ne s'opposait plus à ce baptême, et la maman, impressionnée par le désir très réfléchi de sa petite fille, y consentit volontiers. Elle me fut présentée par sa tante et future marraine et durant plusieurs mois elle se prépara avec sérieux et enthousiasme à ce grand événement. Je la voyais régulièrement et l'emmenais alors prier un moment dans le petit oratoire où elle devait être baptisée. Vint enfin le grand jour. Toute la famille et moi-même attendions la petite fille et sa maman à la porte de la chapelle. Avec une demi-heure de retard elles arrivèrent enfin..., malgré le halètement poussif de la vieille deux-chevaux sur le point de rendre l'âme. La maman nous raconta en riant que C., grimpée sur le siège arrière, l'encourageait tout au long de la route en lui disant : « T'en fais pas, maman, on arrivera. Jésus nous pousse ! » Embrassades générales dans la joie de tous et de C. en particulier. Mais à peine étions-nous entrés dans la chapelle que C. se précipita, terrorisée, dans les bras de sa mère en hurlant avec force : « Je ne veux plus être baptisée. Je n'aime plus Jésus. Je le hais ! » Stupéfaction embarrassée de tous... Toujours blottie contre sa mère et visiblement terrorisée, la petite se calma pourtant un peu et nous pûmes commencer la célébration. Accueil et imposition du signe de la Croix, lecture de la Parole de Dieu et chants se déroulèrent dans une atmosphère lourde... Interrompu par une urgence, je dus m'absenter un instant et prévins l'assemblée que si la petite restait dans son refus nous devrions interrompre le baptême. A mon retour, pas grand changement et, après hésitation, j'entamai la prière d'intercession en prévenant que nous n'irions pas plus loin si l'enfant persistait dans son refus. Or, l'oraison qui conclut cette intercession est précisément la prière d'exorcisme, moins brutale que l'ancienne formule (« je t'exorcise, tout esprit immonde, au nom du Père... »), mais pourtant bien claire :

Dieu éternel et tout-puissant, Tu as envoyé Ton Fils dans le monde pour nous libérer du pouvoir de Satan, l'esprit du mal, et pour que l'homme, arraché aux ténèbres, soit introduit dans l'admirable lumière de ton Royaume ; nous T'en supplions instamment : fais que cet enfant racheté du péché originel resplendisse de Ta présence et que l'Esprit saint habite en lui.

A peine l'assemblée avait-elle eu le temps de répondre « Amen » que je vis, stupéfait, la petite fille quitter les bras de sa mère et se précipiter dans les miens, le visage transfiguré et rayonnant d'amour et de joie : « Maintenant, je veux être baptisée. J'aime Jésus. » La cérémonie s'acheva dans le soulagement et l'allégresse générale, me laissant tout songeur. Je savais bien que la maman fréquentait assidûment un groupe de danseurs pratiquant sans doute des rites de sorcellerie mais n'y avais pas prêté attention ! L'année suivante, C. alla au catéchisme de sa paroisse, y entraînant même ses camarades d'école, et elle convainquit sa maman de l'accompagner à la messe...

Conclusions du document de la Sacrée Congrégation

Revenons à notre document pour citer longuement la première partie de sa conclusion :

Bref, en ce qui concerne la démonologie, la

position de l'Église est claire et ferme. Il est vrai qu'au cours des siècles l'existence de Satan et des démons n'a *jamais fait l'objet d'une affirmation explicite de son magistère.* La raison en est que la *question ne se posa jamais en ces termes :* les hérétiques et les fidèles, appuyés également sur l'Écriture, s'accordaient à reconnaître leur existence et leurs principaux méfaits. C'est pourquoi aujourd'hui, quand est mise en doute leur réalité, c'est *à la foi constante et universelle de l'Église ainsi qu'à sa source majeure, l'enseignement du Christ,* qu'il faut en appeler comme on vient de le rappeler. C'est en effet dans l'enseignement évangélique et au cœur de la foi vécue que se révèle *comme une donnée dogmatique l'existence du monde démoniaque.* Le malaise contemporain que nous avons dénoncé au début ne met donc pas en question un élément secondaire de la pensée chrétienne ; *il y va d'une foi constante de l'Église, de sa conception de la Rédemption et,* au point de départ, *de la conscience même de Jésus.* C'est pourquoi, parlant récemment de cette « réalité terrible, mystérieuse et redoutable » du Mal, S.S. le pape *Paul VI* pouvait affirmer avec autorité : « Il sort du cadre de l'enseignement biblique et ecclésiastique, celui qui se refuse de la reconnaître pour existante ; ou encore qui en fait un principe existant en soi, qui n'aurait pas, comme toute créature, son origine en Dieu, ou même qui l'explique comme une pseudo-réalité, une personnification conceptuelle et imaginaire des causes inconnues de nos misères. » Ni les exégètes ni les théologiens ne sauraient négliger cet avertissement (pp. 717-718).

La liturgie de l'Église avant Vatican II

Pour rendre ces conclusions plus frappantes encore, il est bon de regarder plus attentivement la pratique de l'Église telle qu'elle apparaît dans le Rituel romain de Paul V remis à jour par Pie XII en 1952.

Lors du baptême des petits enfants, avant même de marquer le futur baptisé du signe de la Croix, le prêtre souffle trois fois sur lui en disant : « Sors de cet enfant, esprit impur, et cède la place à l'Esprit Saint Paraclet. » Puis il procède à l'exorcisme du sel ; en imposant celui-ci, il adjure une fois encore le démon de sortir de l'enfant. Nouvel exorcisme sur l'enfant, une fois celui-ci introduit dans l'église, suivi de la célèbre formule de la renonciation :

> — N., renonces-tu à Satan ? — ...
> — Et à toutes ses œuvres ? — ...
> — Et à toutes ses pompes [c'est-à-dire aux cérémonies des cultes sataniques !] ? — ...

Alors seulement, l'enfant est introduit au baptistère pour le baptême proprement dit ! Mais l'eau baptismale elle-même a été préalablement exorcisée et bénie...

Le sacrement de l'extrême-onction débute par plusieurs prières qui demandent au Seigneur d'écarter du malade et du lieu où il se trouve toute

présence du Démon et appellent au con
eux la protection des saints anges.

Les nombreuses bénédictions sur les personnes et sur les choses comprennent toujours l'usage de l'eau bénite. Or, la bénédiction de l'eau s'opérait jusqu'ici en trois temps : exorcisme, puis bénédiction du sel, exorcisme puis bénédiction de l'eau et enfin mélange de l'eau et du sel suivi d'une dernière prière :

> Dieu [...] qui réprimes les forces de la puissance adverse, qui domines la rage de l'ennemi rugissant, qui combats avec puissance la méchanceté de l'Adversaire, nous te prions et te supplions [...] fais que, partout où cette eau aura été répandue, par l'invocation de ton saint Nom soit chassée toute infestation de l'esprit impur, que soit repoussée au loin toute terreur du Serpent vénéneux pour laisser place en nous à la présence du Saint-Esprit.

Le nouveau Rituel des bénédictions, promulgué en 1984, a profondément modifié cette bénédiction de l'eau et en a changé le sens. Les exorcismes en ont été supprimés ainsi que la bénédiction du sel ; les oraisons y évoquent l'eau baptismale et le don de la Vie nouvelle, en excluant toute allusion au combat contre les esprits mauvais... Peut-être est-il permis de le regretter ?

Avec une constance remarquable, l'Église dans sa foi et sa prière prend soin de demander à Dieu d'écarter toute présence de l'Ennemi afin qu'il puisse lui-même être présent à toute créature et la combler de ses dons, en la mettant notamment sous la protection des saints anges. Ainsi, toute maison chrétienne était bénie par l'aspersion de l'eau, achevée par l'oraison suivante :

> **Exauce-nous, Seigneur, Père saint, Dieu tout-puissant et éternel, et daigne envoyer du ciel ton saint Ange : qu'il garde, protège, visite et défende tous ceux qui habitent en cette demeure.**

De Léon XIII à Jean-Paul II

Cette insistance du Rituel romain pourrait apparaître quelque peu obsessionnelle et il était sans doute nécessaire de recentrer la prière de l'Église sur les aspects plus positifs de la Révélation :

— la puissance du Dieu Bon, créateur de toutes choses ;

— la présence du Fils de Dieu venu dans la chair ;

— la Mort et la Résurrection du Christ ;

— l'effusion du don de l'Esprit...

Mais ce serait se faire illusion que d'oublier l'action du Malin et le nécessaire combat à mener contre lui. L'Église contemporaine, par ses papes comme par le concile Vatican II, n'est pas tombée dans ce piège.

Marqué par une expérience personnelle très forte, le pape Léon XIII avait demandé en 1886 que soit récitée à genoux à la fin de chaque messe une belle prière à saint Michel Archange :

> Saint Michel Archange, défendez-nous dans le combat. Soyez notre secours contre la méchanceté et les embûches du démon. Que Dieu lui retire tout pouvoir de nous nuire, nous vous en supplions ! Ô Prince très saint de la milice céleste, repoussez en enfer par la puissance divine Satan et ses légions d'esprits mauvais qui rôdent dans le monde en vue de perdre les âmes.

Le même Léon XIII avait rédigé de sa main le texte d'un petit exorcisme qu'il recommandait aux évêques et aux prêtres de réciter souvent. Il l'avait à cette fin introduit dans le Rituel romain en annexe au grand exorcisme réservé aux évêques et aux prêtres délégués par eux.

Le pape Pie XI, en 1930, demandait que la prière à saint Michel Archange fût récitée à la fin de la messe à l'intention de la conversion de la Russie...

Paul VI, dans un discours du 15 novembre 1972, déclare à propos du démon :

> Quiconque n'admet pas son existence, ou la considère comme un phénomène indépendant n'ayant pas, contrairement à toute créature, Dieu pour origine, ou bien encore la définit comme une pseudo-réalité, comme une personnification conceptuelle et fantastique des origines inconnues de nos maladies, transgresse l'enseignement biblique et ecclésiastique. [...] La question du Démon et de son influence éventuelle sur des individus, des

> communautés, des sociétés tout entières ou des événements *devrait occuper une place extrêmement importante dans la doctrine catholique et faire l'objet d'une nouvelle étude, ce qui n'est pas le cas aujourd'hui.*

Contrairement à ce que beaucoup pourraient penser, le concile Vatican II n'a pas considéré cet enseignement sur Satan et son action dans le monde comme dépassé. En particulier dans la *Constitution sur l'Église dans le monde*, il y fait de nombreuses allusions :

> L'histoire humaine tout entière est marquée par le terrible combat mené contre les puissances des ténèbres, un combat livré depuis les origines du monde (numéro 37 de la *Constitution*).
>
> L'homme, tenté par le Malin depuis l'aube des temps, a abusé de sa propre liberté en se dressant contre Dieu et en désirant atteindre son but sans tenir compte de Dieu (numéro 13).
>
> Mais Dieu a envoyé son Fils dans le monde afin de soustraire les hommes au pouvoir des ténèbres et des démons (Ad Gentes 1, 3).
>
> Jésus crucifié et ressuscité a vaincu Satan (numéro 2).

Mais, ainsi vaincu définitivement par le Christ, l'Adversaire mène, et mènera jusqu'à la fin des temps, un terrible combat d'arrière-garde contre les disciples du Christ (*cf.* numéro 37).

Ces extraits, rassemblés par Dom Amorth dans son témoignage *Un exorciste raconte*[1], n'entendent pas donner un enseignement nouveau. Le concile se contente d'intégrer dans sa vision très optimiste (peut-être trop ?) de l'histoire du monde les données traditionnelles de la Révélation sur le rôle joué par Satan. Tout en dédramatisant ce combat, qui avait pris à certaines époques de l'histoire de l'Église un caractère quelque peu obsessionnel, il en confirme la réalité et nous rappelle à la fois que ce combat ne se mène pas seulement dans le cœur des hommes et qu'il est gagné d'avance. Comme disait Jésus à ses disciples après la Cène : « Dans le monde vous aurez à souffrir. Mais ayez confiance, j'ai vaincu le monde » (Jean 16, 33).

Jean-Paul II n'a pas une autre vision, comme le soulignent ces paroles prononcées en 1987 à l'occasion d'une visite à un sanctuaire consacré à l'archange saint Michel :

> Cette lutte contre le Démon qui distingue l'archange saint Michel est toujours d'actualité ; car le Diable est encore vivant et œuvre dans le monde. En effet, le mal qui est en lui, le désordre de la société, l'incohérence de l'homme, la fracture interne dont il est victime ne sont pas seulement la conséquence du péché originel, mais aussi l'effet de l'action dévastatrice et obscure de Satan.

1. Trad. française, éditions O.E.I.L., Paris, 1992.

Ce combat se mène donc simultanément sur trois champs de bataille intimement liés : dans le monde invisible, dans le cœur de chaque homme, dans les sociétés et les événements de l'histoire. Le Christ, déjà, a remporté la victoire décisive, mais chacun de ses disciples et l'Église tout entière ont à y participer par les armes du Christ jusqu'à la venue de celui-ci dans la gloire pour l'établissement définitif du Monde nouveau, comme le montre bien le livre de l'Apocalypse.

III

Satan ou la science ?

Face à cet enseignement fondamental du Nouveau Testament tranquillement vécu et réaffirmé par l'Église dans toute sa Tradition, face aux déclarations récentes des plus hautes autorités de l'Église d'aujourd'hui, nous nous trouvons pourtant actuellement devant une situation particulièrement confuse qu'il faut bien qualifier de malaise profond. Sous la pression du rationalisme et du scientisme contemporains, l'existence même de Satan et plus encore son action dans la vie des hommes et dans le monde sont le plus souvent niées ou du moins clairement mises en doute par la plupart des penseurs au sein même de l'Église... Et ceux qui y croient encore sont habituellement suspectés, ridiculisés et marginalisés. Mais d'un autre côté, le vide spirituel laissé dans le cœur et la vie des hommes par le matérialisme ambiant laisse place non seulement à un *retour* spectaculaire *du religieux* mais aussi à un foisonnement jamais atteint jusqu'ici (sinon peut-être lors de la grande crise des XIVe et XVe siècles) de doctrines, pratiques et sectes que l'on peut regrouper sous le terme générique d'« ésotéro-occultisme ». On assiste même à la réapparition de pratiques et de sectes qui se disent ouvertement sataniques. Le Diable fait de nouveau la une des journaux et est omniprésent sur nos écrans !

La mise en cause de l'existence de Satan

Le document de la Sacrée Congrégation pour la doctrine de la foi, analysé au chapitre précédent, s'ouvre par une page très claire à ce sujet :

> Effectivement, ce serait une *erreur* malheureuse de faire comme si, l'histoire étant considérée comme révolue, la Rédemption avait obtenu tous ses effets sans qu'il soit encore nécessaire de mener le *combat* dont parlent le Nouveau Testament et les maîtres de la vie spirituelle.
>
> Cette méprise pourrait bien être la nôtre aujourd'hui. De plusieurs côtés, en effet, on *se demande s'il n'y aurait pas lieu de réviser sur ce point* notre doctrine, à commencer par l'Écriture. Certains croient *impossible toute prise de position*, observant que les Livres saints ne permettraient pas de se prononcer ni pour ni contre *l'existence de Satan et des démons* : comme si la question pouvait demeurer en suspens. Mais plus souvent, cette existence *est franchement mise en doute*. Certains critiques, estimant pouvoir distinguer la position propre de Jésus, prétendent qu'aucune de

ses paroles ne garantirait la réalité du monde démoniaque. L'affirmation de son existence refléterait plutôt, là où elle se rencontre, les idées d'écrits juifs ; ou elle relèverait de traditions néotestamentaires, mais non du Christ. N'appartenant pas au message évangélique central, elle ne lierait plus notre foi actuelle : libre à nous de l'abandonner. D'autres esprits, à la fois plus objectifs et plus radicaux, acceptent avec leur sens obvie les assertions de l'Écriture sur les démons ; mais ils ajoutent aussitôt que dans le *monde d'aujourd'hui* elles seraient *inacceptables* même pour les chrétiens. Eux aussi donc les écartent. Pour certains enfin, l'idée de Satan, quelle qu'en soit l'origine, aurait perdu son importance. En s'attardant encore à la justifier, notre enseignement perdrait tout crédit : il ferait ombrage au discours sur Dieu, qui mérite seul notre intérêt. Pour les uns et pour les autres, finalement, les noms de Satan et du Diable ne seraient que des *personnifications mythiques ou fonctionnelles*, n'ayant d'autre sens que de souligner en traits dramatiques l'emprise du mal et du péché sur l'humanité. Pur langage, qu'il appartiendrait à notre époque de *décrypter*. Quitte à trouver une autre manière d'inculquer aux chrétiens le devoir de lutter contre toutes les formes du mal dans le monde.

Pareils propos, répétés à grands frais d'érudition et diffusés par des revues et certains dictionnaires théologiques, ne peuvent manquer de troubler les esprits. Les fidèles, habitués à prendre au sérieux les avertissements du Christ et des écrits apostoliques, ont le sentiment que pareils discours entendent ici faire l'opinion. Et ceux d'entre eux qui sont informés des sciences bibliques et religieuses se demandent jusqu'où conduira le processus de

démythisation* ainsi engagé au nom d'une certaine herméneutique*[1].

Le rationalisme scientiste et ses différentes formes*

Les doutes et les négations qu'évoque l'expert de la Sacrée Congrégation trouvent leurs racines dans le rationalisme contemporain et la mentalité scientiste* qu'il a largement répandue dans les esprits. Le point de départ commun en est, au début du XVIIe siècle, la pensée de Descartes et son développement rigoureux à partir du « Je pense donc je suis ». L'intelligence humaine est définie non plus comme la capacité à appréhender le réel et à s'efforcer de le comprendre, mais d'abord par sa fonction logique qui tire les conclusions d'une évidence première par une série de démonstrations. Cette approche soulignera la rigueur des démonstrations mathématiques et établira « la mathématique » comme la science reine, régulatrice de toute la méthode scientifique. Cette méthode qui a permis le développement spectaculaire de la science moderne a révélé toute son efficacité dans l'étude des multiples phénomènes de la nature et plus récemment dans les sciences humaines. Elle présuppose un monisme* rigoureux

1. *La Documentation catholique,* n° 1681, 3-17 août 1975, p. 708.

et exclut toute intervention intempestive d'un « malin génie » qui viendrait perturber l'enchaînement des phénomènes. Elle laisse entendre, quelle qu'en soit l'explication, que la loi de la raison et celle qui régit les phénomènes ne font qu'un. Tout ce qui viendrait contredire ce développement continu est nié *a priori* ; tout ce qui ne tombe pas sous les prises de cette méthode scientifique est mis en doute et déclaré *a priori* inconnaissable... et donc négligeable, relevant à la rigueur des libres opinions subjectives : des goûts et des couleurs on ne discute pas ! Ainsi Dieu, la foi, le monde invisible (anges ou démons), toute valeur absolue qui prétendrait s'imposer à l'homme dans sa conduite « morale » sont rayés de toute connaissance objective... Au rationalisme, qui seul s'imposerait objectivement au nom de la Science, est ainsi opposée la subjectivité de tout ce qui n'est pas démontrable scientifiquement et demeurera à jamais inconnaissable. C'est l'agnosticisme* philosophique.

Il y aurait beaucoup à dire sur les prétentions totalitaires de ce scientisme qui domina largement la mentalité contemporaine jusqu'au milieu du XXe siècle, mais il faut bien reconnaître que les scientifiques d'aujourd'hui sont beaucoup plus modestes qu'il y a encore cinquante ans. Le développement de géométries non euclidiennes et de la mécanique quantique, les découvertes d'Einstein puis de Heisenberg sur ce qu'ils appellent le principe de la relativité et le principe d'indétermination, l'expérience selon laquelle toute découverte scientifique remet en cause très largement les hypothèses premières et débouche indéfiniment sur de nouveaux questionnements, tout cela a contribué à faire profondément évoluer la mentalité des scientifiques. Qui plus est, les questions posées à l'homme par le développement des techniques qu'a rendues possibles le progrès scientifique ont contribué à déstabiliser les scientifiques et à leur faire découvrir les limites de leur méthode : il est des questions qui ne peuvent pas ne pas se poser à l'homme et pour lesquelles la science n'a pas et n'aura jamais de réponse... car elles ne sont pas de son domaine. Qu'on pense au trouble des savants atomistes à la suite des premières explosions nucléaires d'Hiroshima et Nagasaki ou à la multiplication actuelle des comités d'éthique face aux progrès de la génétique...

Très révélateur de ce questionnement est le cheminement du professeur Monod dans son livre célèbre *Le Hasard et la Nécessité*[1]. Après avoir longuement développé sa propre vision du monde, l'auteur prend du recul et en son dernier chapitre se demande ce qui l'a amené à ces conclusions résolument matérialistes et athées. On se serait attendu à une affirmation du genre : tout cela est démontré scientifiquement, quiconque ne partage pas mes opinions s'oppose à la science et ne peut être qu'un ignorant (à éclairer) ou un homme de

1. Seuil, Paris, 1970.

mauvaise foi. Bien au contraire, avec une honnêteté toute scientifique et une lucidité philosophique très fine, il commence par proclamer « la connaissance objective comme *seule* source de vérité authentique » (p. 185), avant de reconnaître que « la définition même de la connaissance *vraie* repose en dernière analyse sur un postulat d'ordre éthique » (p. 188) qu'il appelle le « postulat d'objectivité ». C'est déjà un aveu de taille, car dans la logique des mathématiques un postulat est une affirmation non démontrée et non démontrable que le scientifique choisit librement de poser au point de départ de sa démarche et de ses recherches. Ce n'est que la fécondité de celles-ci qui justifiera après coup le choix opéré. Que l'on pense au célèbre postulat d'Euclide qui a permis le développement de toute la géométrie classique ! Mais, justement, le développement spectaculaire des mathématiques et de la physique contemporaines s'est fait à partir de l'hypothèse, jamais envisagée depuis plus de deux millénaires, que l'on pouvait développer aussi une géométrie non euclidienne qui permet aujourd'hui d'expliquer des phénomènes devant lesquels la géométrie classique demeurait impuissante !

Mais, parlant d'« éthique », le professeur Monod va encore plus loin :

> Ce premier commandement qui fonde la connaissance objective n'est pas lui-même et ne saurait être objectif : c'est une règle morale, une

> discipline. La connaissance vraie ignore les valeurs, mais il faut pour la fonder un jugement, ou plutôt un *axiome.* [...] L'éthique de la connaissance ne s'impose pas à l'homme, c'est lui au contraire qui se l'impose en en faisant axiomatiquement la condition d'authenticité de tout discours ou de toute action (p. 191).

On s'attendait à un rationalisme athée qui se serait imposé comme une vérité scientifique rigoureusement démontrée. On se trouve finalement devant un homme, plein d'humilité dans sa démarche, qui proclame sa conviction profonde et personnelle : cela me semble à moi « juste, beau, bon » (c'est le sens du mot grec *axion*) et évident ; ma décision ne relève d'aucune démonstration mais d'un simple jugement personnel de valeur ! En d'autres termes, il laisse, comme scientifique, toute liberté à quiconque penserait pouvoir et devoir « juger » et « apprécier » autrement que lui... Le chrétien par exemple proclamera dans la « préface » de la messe : « Il est vraiment juste et bon [...] de te rendre grâce, Seigneur », en utilisant le même mot grec *axion* !

En conclusion, on pourrait dire que la question de l'existence éventuelle d'un monde invisible (Dieu, les anges, les démons) ne relève pas du domaine de la science : ni d'un *a priori* (au nom de quoi la science pourrait-elle affirmer que rien n'existe en dehors de ce qu'elle peut connaître ?), ni d'une expérimentation (les sciences expérimentales ne s'exercent qu'à partir d'un donné susceptible de tomber sous les observations des organes de nos sens ou des instruments d'observation qui les prolongent). Elle relève exclusivement d'une réflexion proprement métaphysique ou d'une révélation. Quant à l'interférence de ce monde invisible dans le déroulement des phénomènes de notre monde visible, c'est une question que la science comme telle n'a pas à se poser (sinon on en reviendrait au « malin génie » qui rendrait impossible toute recherche scientifique) mais qu'elle doit laisser ouverte et aux faits éventuels et aux recherches menées selon d'autres méthodes.

Des anges et des démons

Si au temps du Christ les sadducéens, très traditionalistes, rejetaient en bloc et la résurrection et les anges et les démons comme des croyances récentes inconnues de la foi de l'Israël ancien, il n'en était pas ainsi des pharisiens et moins encore des esséniens (mieux connus depuis les découvertes faites, après la Deuxième Guerre mondiale, dans les grottes de Qumran). La littérature juive et chrétienne des deux premiers siècles, mieux connue aujourd'hui, nous révèle l'importance croissante de ces thèmes à cette époque. Présentes sous diverses formes dès l'origine, ces croyances s'étaient peu à peu développées dans l'enseignement des prophètes et plus particulièrement des écrits apocalyptiques* et de leur réflexion sur la fin des temps (l'eschatologie*), comme le montre le père Bouyer dans l'article « ange » de son *Dictionnaire théologique*[1] (pp. 54-61).

Pour nombre d'exégètes et de théologiens contemporains influencés par les *a priori* du rationalisme scientiste et rejoignant ainsi le traditionalisme des sadducéens, il y aurait là toute une mentalité mythique dans laquelle les contemporains du Christ étaient à l'aise mais qui serait incompatible avec la science. Bien connue des historiens et des sociologues, la pensée mythique* exprime à l'aide de personnages et d'histoires situés « aux origines » ou dans le monde invisible une réflexion profonde sur l'univers et la destinée de l'homme que nous exprimons, depuis la civilisation grecque, à l'aide des concepts abstraits de notre raison analytique. Elle tient dans les vieilles civilisations ou chez les peuples primitifs le rôle tenu chez nous par la philosophie. Les Juifs ont connu ces mythes chez les peuples de l'ancien Orient, chez les Sumériens, les Akkadiens ou les Égyptiens au milieu desquels ils vivaient, et on en trouve la trace dans la Bible, notamment dans le livre de la Genèse (récits de la Création, de la chute originelle, du Déluge). Mais ce qui caractérise la pensée juive, c'est précisément l'entreprise de « démythologisation* » à laquelle elle s'est livrée sur ces vieux récits païens au nom de sa foi dans le Dieu unique de l'Alliance. Les astres, les phénomènes de la

1. Éditions Desclée, Paris, 1963 ; nouv. éd. 1990.

nature, l'Océan primordial, le grand dragon ne sont plus dans les récits bibliques des divinités personnifiant les énergies cosmiques et dont les hommes seraient le jouet et l'enjeu de leurs combats, mais de simples créatures, œuvres de l'unique Dieu bon, seul créateur et maître de l'histoire. Rien finalement n'est plus étranger à la pensée mythique que la pensée juive !

La thèse donc de nombre d'exégètes et de penseurs contemporains est que cette croyance dans la résurrection, les anges et les démons ne serait que la résurgence dans la pensée juive au temps du Christ des vieilles images de la pensée mythique, et donc d'un langage qu'il suffirait de décrypter pour le retraduire dans les termes de notre pensée rationnelle.

Ainsi la résurrection exprimerait-elle simplement l'espérance de l'homme en une certaine survie après la mort, ce que les Grecs appellent l'immortalité de l'âme, comme Jean-Claude Barreau l'exprime à propos de la résurrection du Christ : « La résurrection, c'est la sortie de Jésus hors de l'espace et du temps[1] » !

Ainsi encore, la croyance en l'existence des anges et des démons serait en quelque sorte la projection personnifiée des conflits intérieurs qui déchirent nos vies dans une tension dynamique entre des aspirations et des pulsions contradictoires bonnes ou mauvaises. Elle relèverait simplement

1. *L'Aujourd'hui des Évangiles,* Seuil, Paris, 1970, p. 299.

de la psychologie des profondeurs, de la linguistique et de la sociologie.

Tout ceci peut paraître séduisant et aboutit à « réduire » le contenu de la foi à ce que la raison humaine et la science ont décidé *a priori* qu'elles pouvaient accepter. Mais c'est ne pas tenir compte de la polémique constante au sein du peuple juif contre les idoles, leurs cultes et leurs mythes ! La « démythologisation* » a été opérée aux alentours de l'Exil à Babylone (586-536 avant J.-C.),... à l'époque même où ont commencé à se développer en Israël les croyances en la résurrection et dans les anges. Sous les traits mythiques du serpent de la Genèse qui personnifie l'adversaire de Dieu et des hommes, sous le tentateur qui se sert des fausses divinités païennes pour détourner l'homme de la fidélité au Dieu de l'Alliance, c'est bien le Satan qui est à l'œuvre. Il y a continuité dans la foi d'Israël et non pas contamination par les cultes païens. C'est bien ainsi en tout cas que l'entend Jésus quand il prend parti dans cette querelle des anciens et des modernes qui oppose sadducéens et pharisiens. Le Diable, le Satan, l'Adversaire, le Prince de ce monde, le Prince des ténèbres, selon les multiples noms qu'Il lui donne, est bien pour Lui une réalité personnelle, un ange de Dieu révolté qu'Il démasque et qu'Il combat. Il ne fait pas semblant d'exorciser des possédés pour les libérer alors qu'Il ne ferait que guérir des malades ! Il est venu en ce monde pour combattre Satan et pour le vaincre en le dépossédant, par sa Croix et par sa Résurrection, du pouvoir usurpé qu'il s'était attribué sur les hommes afin de les détourner de Dieu pour les entraîner à sa suite dans les ténèbres de la mort. C'est tout le réalisme de l'événement du salut par la Croix qui est en cause.

Les saints et les mystiques sont-ils des psychopathes ?

On se souvient de cette période, il y a une trentaine d'années, où les psychologues, théologiens et historiens de la vie spirituelle s'emparèrent des grands mystiques pour les coucher sur le divan du psychanalyste et dévoiler en eux les névroses cachées que l'on avait prises à tort pour des états mystiques et des signes de sainteté. Il fallait à tout prix débarrasser les saints de ces phénomènes extraordinaires et gênants pour la science, et ne laisser subsister en eux que l'« héroïcité des vertus » et la communion intime de leur vie avec Dieu. La chambre du saint curé d'Ars y perdit son lit (brûlé par le Diable) qui fut relégué dans un coin en haut des escaliers ! Et le pauvre saint Antoine du désert se retrouva avec ses moines la proie des sexologues et fut délivré par là des assauts du Tentateur... C'est alors que l'on reprit tous les récits de possession et d'exorcisme pour les soumettre au jugement des psychiatres qui parlèrent d'hystérie (individuelle ou collective), de schizophrénie, voire de paranoïa. Cette approche pouvait et devait être tentée, et elle ne le fut pas sans éclairer d'un jour nouveau l'ensemble de ces phénomènes. Sainte Thérèse de l'Enfant-Jésus en ressortit finalement moins mièvre, plus humaine... et plus sainte encore qu'on n'avait pu le penser auparavant ! Grâce à ces études, on peut maintenant mieux comprendre comment la grâce agit dans la nature humaine (avec ses faiblesses) mais sans l'annihiler ; tout au contraire, elle la guérit et la hausse à un niveau de vie et de sainteté proprement surnaturel. C'est la démonstration qu'ont tenté de faire le frère Ephraïm et le docteur Mardon-Robinson dans *Le Chemin des nuages ou la Folie de Dieu*[1], en étudiant le cheminement (souvent bien difficile) de quelques grands spirituels et mystiques.

En sens contraire, la réalité des attaques démoniaques subies par tant de saints... et d'humbles chrétiens ordinaires ressortira plus éclatante quand on aura enfin étudié ces cas sans *a priori* réducteurs. Car le Mauvais en s'attaquant à un être humain l'aborde en ses fragilités (et qui n'en a pas ?) pour le tenter, le déstabiliser, faire éclater plus ou moins profondément ses capacités d'action et de vie intérieure ; s'il trouve quelque connivence en sa victime, il s'efforce alors de prendre possession de sa personnalité ou au moins de lui imposer une double personnalité. Les symptômes psychiques et physiques pourront ressembler à s'y méprendre à ceux de telle névrose ou psychose

1. Éditions du Lion de Juda, Paris, 1988.

bien connue des psychiatres, mais la cause profonde et le cheminement en seront tout autres. Ainsi de cette femme de quarante ans chez laquelle j'avais toutes raisons de soupçonner des vexations démoniaques caractérisées mais dont je connaissais par ailleurs les fragilités psychiques. Je l'envoyai consulter un éminent psychiatre à qui souvent avaient été soumis des cas analogues. Il diagnostiqua un tempérament schizophrénique mais voulut revoir la personne. A l'issue du second rendez-vous, il me confia au téléphone : « Eh bien, j'ai failli me faire avoir comme la première fois ! Jusqu'à la dernière seconde tout me semblait confirmer mon diagnostic. Ce n'est qu'au moment où elle sortit et se retourna que je décelai l'éclair d'un regard que je connais bien, comme s'"il" voulait me dire : "Ah ! je t'ai bien eu !" » Rendez-vous à trois fut pris et le psychiatre assista, chapelet à la main, à un exorcisme mouvementé !

Dans cette ligne, il sera intéressant d'étudier la vie de la bienheureuse Marie de Jésus-Crucifié, la « petite sœur Mariam », carmélite palestinienne béatifiée par Jean-Paul II en 1983. Elle connut pendant la plus grande partie de sa vie de violentes attaques démoniaques allant, semble-t-il, jusqu'à la possession elle-même et n'en fut délivrée qu'après de multiples exorcismes. C'est au cours de ce terrible combat que grandit peu à peu en elle cette sainteté que les Arabes de Palestine ont eu grande joie à voir enfin reconnue par l'Église. Sa vie a été publiée en français sous le titre *Mariam la petite Arabe*[1].

« Le Diable, c'est dépassé ! C'est une superstition médiévale ! »

Nous vivons depuis deux siècles en Europe sous le signe, j'allais dire sous le mythe, du « progrès » : progrès des connaissances, progrès scientifique, progrès technique, progrès (ou « developpement ») économique, progrès social, progrès moral... On parle du « sens de l'histoire », et la mythologie du marxisme triomphant a formé des générations d'hommes aux yeux rivés sur la société sans classes, avatar laïc et socialiste du paradis chrétien. On a tout dit quand on a parlé des « forces de progrès » et de « la réaction » ! Parler de Satan, c'est au yeux de beaucoup paraître « ringard » et il n'y a pas meilleure manière de dévaloriser une pensée ou de ridiculiser, marginaliser et paralyser un homme que d'en dire qu'ils sont « dépassés » parce qu'ils croient encore à ces « superstitions médiévales » que seraient l'existence de Satan et la réalité de son action dans le monde.

Reconnaissons d'abord qu'on a trop longtemps médit du Moyen Age et que ce n'est pas durant cette période (dite féodale) que l'obsession démoniaque atteignit son apogée, mais bien plutôt aux

1. Éditions Salvator, Mulhouse, 1989.

XIVe et XVe siècles (que nous appelons l'époque de la Renaissance !)

D'autre part, notre civilisation occidentale si sûre et fière d'elle (et elle l'est encore !) n'est pas sans avoir commencé à douter d'elle-même devant les atrocités qu'elle a commises depuis la Deuxième Guerre mondiale et les impasses économiques, sociales, politiques, morales et... écologiques auxquelles elle est confrontée. En même temps qu'elle se découvre mortelle et pas si parfaite qu'elle le croyait, elle apprend à reconnaître les authentiques valeurs humaines de civilisations anciennes ou contemporaines qu'elle considérait un peu rapidement jusqu'ici avec commisération et quelque mépris. L'ethnologie et la sociologie nous ont rendu en cela de grands services et nous ont ouverts à une connaissance plus juste des civilisations « traditionnelles » et à leurs valeurs. La vogue actuelle des pratiques orientales en est un signe très révélateur, quelle que soit l'appréciation que l'on portera finalement sur elles...

Enfin, de quel droit affirmer *a priori* qu'une vérité découverte plus récemment est plus vraie qu'une vérité perçue depuis longtemps ? ou qu'une vérité ancienne est erreur du seul fait qu'elle est ancienne ? Est-ce parce que l'islam est né en 622 après Jésus-Christ qu'il est plus vrai que le christianisme né au Ier siècle ? Est-ce parce que nombre de penseurs de notre siècle rient en la croyance en l'existence et en l'action puissante de Satan qu'ils ont plus raison que l'ensemble de l'Église qui y croit depuis vingt siècles ?

« Faire un exorcisme, c'est de la magie ! »

Magie. Voilà le grand mot lâché ! Procéder à un exorcisme, apostropher Satan comme le fait la liturgie (*Vade retro, Satana !* « Retire-toi, Satan »), chercher par la prière faite dans la foi de l'Église à délivrer quelqu'un qui se croit, à tort ou à raison, objet de vexations de la part d'un esprit mauvais, ce serait poser un acte de magie, faire comme si la récitation d'une formule pouvait entraîner quelque effet que ce soit, et entrer dans le processus illusoire d'une pensée magique...

Reconnaissons d'abord que la plupart de ceux qui viennent en dernier recours consulter un exorciste le font dans cet état d'esprit, et c'est la première tâche de l'exorciste que de s'efforcer (non sans mal souvent !) de faire sortir l'intéressé de cette attitude et d'éduquer en lui le sens véritable de la foi et de la prière...

Mais il faut aller plus loin et nous demander si ce monde mystérieux et déconcertant de la magie et de la sorcellerie ne recouvre pas des réalités authentiques qu'il faudrait se garder de taxer trop rapidement de superstitions ou de charlatanisme. L'efficacité de beaucoup de ces rites, si on prend la peine de les étudier avec objectivité, pourrait nous apparaître beaucoup plus importante qu'il n'y semble au premier abord... Beaucoup d'ethnologues aujourd'hui s'interrogent avec sérieux sur les pratiques des sorciers africains ou de certaines tribus océaniennes. En tout cas ceux qui, en France et ailleurs, se livrent à ces rites, et ils sont plus nombreux et moins illettrés qu'on ne le dit, sont convaincus de leur efficacité et tout exorciste expérimenté en donnerait maints témoignages ! S'agirait-il de pratiques médicales ou de processus psychiques encore mal connus mais qui relèvent en eux-mêmes du domaine scientifique ? S'agirait-il de « pouvoirs » naturels mais extrasensoriels qui expliqueraient tels phénomènes de voyance, d'action à distance, voire de communication avec des « esprits » ? S'agirait-il enfin dans certains cas d'une action proprement démoniaque ? Seuls une étude approfondie et un discernement cas par cas pourront permettre de répondre à cette question clef, mais on ne peut *a priori* éliminer aucune de ces hypothèses.

Enfin, il est essentiel de ne pas confondre magie et prière (en tout cas au sens où le conçoit l'Église catholique). La magie entend, par l'observation d'un rituel (récitation de formules, accomplissement d'un geste avec ou sans l'aide d'un objet), provoquer nécessairement un effet ou contraindre un « esprit » à se manifester et à agir avec efficacité sur une personne ou un événement. L'exemple typique en est ces fameuses poupées de cire dans lesquelles on plante des épingles en faisant des invocations, dans le but d'infliger tel ou tel mal à la personne contre laquelle on veut agir. Dans la prière, au contraire, l'homme se remet humblement et avec foi devant la liberté aimante de Dieu et la puissance du Christ sauveur et lui présente la personne ou l'intention pour lesquelles il prie. Il n'y a de soi, en cela, aucun exercice d'une quelconque volonté de puissance, et quiconque a procédé, ne serait-ce qu'une fois, à un exorcisme sait combien il ne peut rien faire de lui-même, combien il se sent « tout petit devant Dieu » qui seul est le Tout-Puissant et le Sauveur ! C'est dans la foi de l'Église que l'on procède,... tout comme pour l'administration d'un sacrement : le prêtre est là essentiellement et uniquement comme le « ministre », c'est-à-dire le « serviteur » du Christ et de l'Église ! Il parle avec « crainte et tremblement » devant l'énormité de la Parole qu'il ose prononcer : « Au nom du Père et du Fils et du Saint-Esprit », comme lorsqu'il remet les péchés ou consacre le pain et le vin...

IV

La crise spirituelle contemporaine et le développement de l'ésotéro-occultisme*

La crise spirituelle

Comme à la fin de l'Empire romain et de la société féodale, notre civilisation occidentale, confrontée à des problèmes de toutes sortes (politiques, économiques, sociaux) à l'intérieur d'elle-même et menacée de l'extérieur, se met à douter de son avenir et de ses valeurs. Elle connaît une profonde crise spirituelle dont les manifestations sont multiples : chute spectaculaire de la démographie, recherche angoissée des assurances et sécurités multiples, prédominance des individualismes sur les intérêts généraux, poursuite effrénée du plaisir sous toutes ses formes (« Du pain et des jeux ! » criait la foule aux empereurs au temps de l'Empire romain décadent). Mais paradoxalement, en ce siècle du triomphe des sciences, des techniques et du matérialisme pratique (dans lequel la recherche de la consommation pour elle-même devient une sorte d'idole), le signe le plus spectaculaire de cette crise spirituelle s'avère être ce que l'on commence à appeler « le retour du religieux ».

Le retour du religieux

Le concile Vatican II, qui avait suscité et porté tant d'espoirs, n'a pu enrayer la désaffection massive qui frappe toutes les Églises établies et a même semblé au contraire déclencher une profonde crise qui a secoué durant près de trente ans l'Église catholique : remises en question doctrinales, divisions entre « progressistes » et « traditionalistes », chute étonnante de la pratique religieuse et des vocations, perte de son influence sur la vie publique. Mais ces constatations pessimistes, bien loin de nous conduire à la désespérance, doivent nous rendre d'autant plus attentifs à d'autres signes qui sont plus que des frémissements et sont sans doute les premiers fruits perceptibles de l'œuvre de l'Esprit à travers le dernier concile : le grand élan ecclésial de confiance retrouvée et de dynamisme en tout domaine qui caractérise le pontificat de Jean-Paul II, et le développement important, au milieu de tant d'obstacles et d'hostilités, de ce que l'on appelle le Renouveau dans l'Esprit ou Renouveau charismatique. Les Églises traditionnelles issues de la Réforme ont connu et connaissent encore les mêmes difficultés que l'Église catholique, mais elles connaissent aussi le même renouveau à travers notamment la croissance rapide des communautés « évangéliques »*...

Il faut cependant admettre que, du moins pour l'instant, ce retour du religieux débouche le plus souvent sur des recherches et des formes religieuses bien éloignées du christianisme plutôt qu'il ne profite aux Églises ! Le foisonnement des sectes de toutes sortes, de pratiques que l'on pourrait regrouper sous le terme d'« ésotéro-occultisme », de spiritualités importées de l'Inde et de l'Extrême-Orient, de groupes syncrétistes qui se présentent comme la religion du « Nouvel Age » ou de « l'Ère du Verseau » et même la réapparition de sectes qui se proclament ouvertement « satanistes »..., tout cela commence à devenir l'une des préoccupations majeures des plus hautes autorités religieuses, et ce d'autant plus que les *mass media* sont de plus en plus envahis par des livres, des revues et des émissions qui en diffusent largement les thèmes dans le grand public.

Qu'en penser ?

Alertée d'abord par les problèmes, surtout pastoraux, posés par les sectes, l'Église commence depuis plusieurs années à se soucier des problèmes plus fondamentaux que soulève le développement des « nouveaux mouvements religieux ». Un Groupe national Pastorale et Sectes a été constitué en France sous l'égide du Secrétariat national de l'épiscopat. Il a donné un premier compte rendu de ses travaux sur le thème « Le dialogue avec les nouveaux mouvements religieux est-il possible[1] ? »

Nombre d'évêques ont chargé des prêtres d'étudier et de suivre plus particulièrement ces problèmes ; parmi ceux-ci, le père Jean Vernette, chargé de mission par l'épiscopat français, qui a déjà produit une œuvre considérable (dont la première partie du livre : *Exorciste aujourd'hui*[2] *?*), le père Yvon Le Mince et le père Jacques Verlinde.

Faut-il voir indistinctement en tous ces courants (divers certes dans leurs origines historiques, leurs croyances et leurs pratiques, mais on passe aisément de l'un à l'autre et les liens qui les unissent de manière occulte sont nombreux) l'action de Satan qui s'efforcerait par là de porter l'estocade finale au Christ et à son œuvre (« Écrasons l'infâme ! » proclamaient déjà les penseurs antichrétiens des XVIIIe et XIXe siècles...) ? C'est ce que pensent les chrétiens des communautés « évangéliques » qui mènent en ce domaine une guerre ouverte et sans grandes nuances... Ou faut-il avoir une attitude plus circonspecte selon chaque cas, comme semble l'indiquer le document cité plus

1. *La Documentation catholique*, n° 2053, 5 juillet 1992.
2. Éditions Salvator, Mulhouse, 1991 (avec Nicolas Leneuf).

haut ? Selon celui-ci il y a trois approches possibles :

1. Une approche de prévention et de protection qui vise à dénoncer les effets destructeurs et nocifs de ce que l'on nomme des « sectes », de manière à enrayer l'épidémie et à en protéger les victimes... C'est le point de vue des multiples associations de défense qui se sont constituées. Mais la limite de cette attitude est qu'elle se situe à un niveau psychosociologique et ne tient pas suffisamment compte de la recherche spirituelle personnelle de ceux qui adhèrent à ces sectes.

2. Une seconde approche, au contraire, analyse le contenu doctrinal et spirituel de l'enseignement donné dans ces nouveaux groupes religieux et souligne leur opposition radicale à la foi chrétienne. Elle met en lumière le caractère insidieux de leur propagande et de leur pédagogie et voit volontiers en elles l'action souterraine de l'Adversaire. Une abondante littérature apologétique, surtout dans les milieux de « chrétiens évangéliques* », s'emploie à dénoncer et à combattre vigoureusement cette entreprise de destruction de la foi chrétienne, tandis qu'est accompli un intense et patient travail sur les personnes afin de les aider à se « déconvertir » pour se « reconvertir » à une authentique vie chrétienne qui seule peut ouvrir au salut apporté par Jésus-Christ.

3. Un troisième approche enfin, qui a toutes les sympathies des rédacteurs, s'inspire de l'attitude « ouverte » caractéristique de concile Vatican II à

l'égard des religions non chrétiennes. On reconnaît dans ces démarches une authentique recherche religieuse et même la perception d'indéniables valeurs spirituelles qu'il faut savoir accueillir sans naïveté et comprendre positivement, tout en sachant opérer un rigoureux discernement entre ce qui est acceptable (du point de vue de la raison... et de la foi chrétienne) et ce qui ne l'est pas. « Le dialogue critique se veut évangélisateur dans la mesure où le chrétien propose le témoignage de sa propre voie spirituelle : l'Évangile comme Bonne Nouvelle » (p. 648 de *La Documentation catholique*, n° 2053).

Le document conclut que ces approches sont sans doute toutes trois nécessaires et complémentaires ; chacune comporte ses présupposés et ses limites. « C'est donc un chantier ouvert. »

Un discernement attentif et prudent à la lumière de la foi de l'Église s'impose en tout cas devant chacune de ces spiritualités et de ces pratiques, sans oublier ce qu'elles ont toutes en commun : elles constituent un effort de l'homme pour se sauver lui-même par ses propres forces ; elles orientent l'homme, quand elles sont religieuses, vers une divinité cosmique et impersonnelle qui n'a rien à voir avec « le Dieu de Jésus-Christ » ou tendent à l'immerger dans un monde d'« esprits » dont on ne sait pas bien quels ils sont ; elles dénaturent plus ou moins ouvertement la foi et la vie chrétienne quand elles ne les combattent pas explicitement ; enfin, même si elles emploient fréquemment un vocabulaire, des symboles et des pratiques chrétiennes, elles sont aux antipodes de l'authentique foi de l'Église qu'elles entendent dépasser, supplanter ou même détruire... Cela ne peut pas ne pas faire penser à l'offensive de l'Anti-Christ[1] et à la Bête dans le livre de l'Apocalypse (12-18).

Prenons quelques exemples.

La divination

Dans toutes les civilisations païennes, la divination est un art (ou une science ?) largement pratiqué qui vise à sécuriser l'homme sur son avenir et à guider nombre de ses actes quotidiens. C'était l'une des activités essentielles de la religion romaine. Le christianisme était parvenu à l'éliminer assez largement en Occident, du moins du domaine de la vie publique... jusqu'à son retour en force au XIVe siècle ; on se souvient des pratiques courantes à la cour du roi Louis XI. Or nous la voyons aujourd'hui réapparaître dans la vie quotidienne de millions de personnes, dans la presse, l'édition et sur nos écrans. Elle se présente sous des formes multiples : chiromanciennes, cartomanciennes, astrologues ou simples « voyants », exerçant à eux

1. Les textes grec et latin disent bien Anti-Christ ; ce sont les interprétations communes, en langue moderne, qui traduisent Antéchrist.

tous un des commerces les plus fructueux financièrement, auquel ont recours une multitude d'acheteurs croyants, mal croyants ou incroyants, hommes ou femmes, ruraux ou citadins, intellectuels, politiciens ou gens sans instruction, en le disant ou en s'en cachant !

Faisons la part, et elle est grande, du simple charlatanisme qui exploite la crédulité populaire. Mais il demeure multitude de faits plus que troublants qui contraignent à y regarder de plus près.

Intéressant à ce sujet est le témoignage de Michel Berrette : *J'étais voyant, maintenant je vois*[1]. Michel, né voyant, exerce tout simplement ce don « naturel », jusqu'au jour où, tout étonné, il découvre que les autres ne sont pas comme lui ! Il développe peu à peu ce don par jeu et pour rendre service ; il ouvre même un cabinet de voyance dans sa ville natale. Mais il perçoit peu à peu combien sa vanité gasconne et l'orgueil d'une situation qui le met au-dessus des autres pervertissent peu à peu sa vie chrétienne. Et puis des phénomènes étranges viennent perturber sa vie familiale : des bruits inexpliqués dans son appartement suscitent l'hostilité des voisins, des objets autour de lui se déplacent sans que personne y ait touché, tout ce qu'il entreprend échoue mystérieusement. Bref, sa vie s'en va à vau-l'eau ! Jusqu'à ce jour où dans l'église de Royat, sur le conseil d'un prêtre, il se retrouve à genoux : « Et là, seul devant le Seigneur, dans le

1. Le Sarment. Fayard, Paris, 1992.

silence de mon cœur, au pied de la Croix de Jésus, je Lui ai proposé, s'Il le voulait, de me débarrasser de mon pouvoir de voyant » (p. 79).

Il se relève et doit se rendre à l'évidence quelques instants plus tard quand des camarades lui demandent : « Que vois-tu pour moi ? » Il ne voit plus rien ! A partir de ce moment, son existence se reconstruit peu à peu dans la paix, le service de ses frères et une vie spirituelle toute renouvelée. Un don naturel, donc, au départ, mais qui s'exerçait sans tenir compte des avertissements graves de la Parole de Dieu qui, sans nier la possibilité du phénomène, interdit formellement de le rechercher volontairement et de l'exploiter (Deutéronome, 18, 9-12 ; Lévitique 19, 31 ; 20, 27). A partir de là s'étaient opérés en lui une dégradation spirituelle et une sorte de « parasitage » démoniaque dont seul Dieu put le délivrer quand il se remit humblement dans la prière et la volonté divine.

L'évocation des esprits

Il en est un peu de même en ce qui concerne les diverses formes de spiritisme. Qui n'a pas essayé un jour de faire tourner une table ou parler un verre ? Mais il y a ceux qui se livrent assidûment et avec passion à cette recherche, qui se nourrissent des écrits du grand maître Allan Kardec et de ses émules ou vont se recueillir sur sa tombe, qui errent longuement dans les cimetières à la recherche d'une expérience ou s'efforcent de retrouver contact sensible et communication avec un défunt très cher...

La plupart des civilisations anciennes croyaient en cette survivance mystérieuse des esprits des hommes défunts, offraient à ceux-ci des sacrifices pour les honorer, se les concilier — ou se mettre à l'abri de leurs méfaits. Le culte des ancêtres représente encore en Chine l'un des aspects de la vie familiale et les relations ambiguës avec les esprits des morts constituent l'une des principales activités des sorciers africains ou du culte vaudou. La Bible, là encore, sans mettre en cause la croyance fondamentale en une survie et le respect dû aux morts, interdit formellement toute tentative pour les évoquer et entrer en communication avec eux (*cf.* l'évocation du prophète Samuel par la sorcière d'En-Dor sur la demande du roi Saül, 1 Samuel 28). Et l'Église, tout en professant sa foi en l'immortalité de l'âme et en la communion des saints, interdit sous peine grave toute tentative pour évoquer les esprits des morts. Nos défunts sont toujours des vivants « dans le Christ » et une solidarité spirituelle subsiste entre eux et nous : nous pouvons leur venir en aide par nos prières et en offrant à leur intention le Saint Sacrifice (comme fit Judas Maccabée après une défaite lorsqu'il fit offrir des sacrifices pour les soldats tombés dans le combat, 2 Maccabées 12, 38-45) ; eux de leur côté continuent à pouvoir nous aider, c'est pourquoi nous pouvons le leur demander dans notre prière. Cette intercession pour les défunts et notre prière au Seigneur par l'intercession des saints sont un des aspects, proprement surnaturel, du mystère de la communion des saints et de l'intime solidarité des membres entre eux dans l'Église Corps du Christ. Elles n'ont évidemment rien à voir avec le spiritisme comme les chrétiens évangéliques en accusent les catholiques !

Tout ceci permet de comprendre comment ici encore les puissances démoniaques se glissent en l'homme à l'occasion de ce péché et en profitent, souvent avec beaucoup de sournoiserie, pour l'attaquer et lui nuire plus ou moins gravement et en tout cas pour s'efforcer de le détourner de Dieu. C'est, à l'expérience, la constatation de beaucoup d'exorcistes qui découvrent un péché de spiritisme à la racine de nombre d'infestations, de liens ou de possessions démoniaques. On commence à évoquer des « esprits » et une communication s'établit peu à peu entre les participants et l'un de ces esprits qui se présente comme l'esprit de tel défunt qui a habité en ce lieu ; la passion s'empare progressivement des uns et des autres jusqu'au moment où l'esprit dévoile sa véritable identité : celle d'un démon qui exige...

C'est l'expérience tragique que fit un groupe d'amis qui, à l'occasion de vacances en Angleterre, s'initièrent à l'évocation des esprits. Revenus en France, ils firent ensemble un séjour sur une plage où s'étaient déroulés des combats lors de la Libération. A nouveau, ils se livrèrent à leur jeu devenu passionnel et très vite cela « marcha ». L'esprit évoqué se présenta comme l'âme d'un soldat tombé en 1944 lors de la bataille, et nos jeunes passèrent des journées entières à converser avec lui..., jusqu'au jour où celui-ci jeta le masque, se déclara être l'un des démons et exigea qu'ils enlèvent du mur le crucifix qui y était accroché. Tout tremblants mais prisonniers de leur désir malsain d'en savoir plus, nos jeunes se retrouvèrent le lendemain. Cette fois le démon alla plus loin, exigeant que le crucifix jeté à terre soit foulé aux pieds ! Les jeunes, s'y refusant, furent menacés de voir un membre de leur famille périr dans la semaine s'ils n'obtempéraient pas. Ils se soumirent une fois encore mais ce fut heureusement la fin de leurs expériences !

Les spiritualités importées de l'Extrême-Orient

Nombreux sont désormais en France, surtout dans les milieux intellectuels, ceux qui se sont mis à l'école d'un maître ou d'un gourou qui les initient aux méthodes et aux spiritualités de l'hindouisme (yoga) ou du bouddhisme (surtout du bouddhisme zen ou du bouddhisme tibétain). Il est évident que ces spiritualités ont leurs lettres de noblesse et représentent dans le monde non chrétien ce qu'il y a sans doute de plus élevé en matière de recherche spirituelle et (pour une part seulement) religieuse. On peut reconnaître avec Vatican II que :

> ... Dans l'hindouisme, les hommes scrutent le mystère divin et l'expriment par la fécondité inépuisable des mythes et par les efforts pénétrants de la philosophie ; ils cherchent la libération des angoisses de notre condition soit par les formes de la vie ascétique, soit par la méditation profonde, soit par le refuge en Dieu avec amour et confiance. Dans le bouddhisme, selon ses formes variées, l'insuffisance radicale de ce monde changeant est reconnue et on enseigne une voie par laquelle les hommes, avec un cœur dévot et confiant, pourront soit acquérir l'état de libération parfaite, soit atteindre l'illumination suprême par leurs propres efforts ou par un secours venu d'en haut (Déclaration sur les relations de l'Église avec les religions non chrétiennes, n° 2).

Cela ne doit pourtant pas faire oublier que ces recherches proprement humaines débouchent, avec le bouddhisme, sur une morale et une spiritualité marquées par l'athéisme de son fondateur, le prince Çakyamuni, devenu le premier Bouddha (ou « Éveillé »), et avec l'hindouisme sur une « divinité » multiforme qui relève d'un panthéisme impersonnel très éloigné du Dieu transcendant et personnel qui fait alliance avec les hommes ses créatures. Descendre en soi et y retrouver la part de « divin » qui s'y cache par-dessous la vanité de nos apparences individuelles et se fondre dans le courant universel de la vie, cela peut conduire l'homme à des sommets spirituels qui ressemblent à première vue à l'expérience de certains grands mystiques chrétiens. Mais il faut bien reconnaître qu'on se situe aux antipodes de l'authentique vie mystique chrétienne qui est non pas descente en soi mais ouverture à Dieu qui vient à nous, non pas fusion ou absorption dans la Vie divine mais communion personnelle avec le Christ et introduction « par Lui, avec Lui et en Lui » dans l'éternel échange d'amour entre les trois personnes divines. Suivre cette voie, fût-ce avec les meilleures intentions, c'est objectivement chercher la Vie par soi-même en dehors de « l'unique médiateur entre Dieu et les hommes, Jésus-Christ » (1 Timothée 2, 5), seul « principe de salut éternel » (Hébreux 5, 10), c'est rendre vain le mystère central de son Incarnation rédemptrice et du salut par la Croix. « Car en lui, nous dit saint Paul, habite corporellement toute la Plénitude de la Divinité, et vous vous trouvez en lui associés à sa plénitude, lui qui est la Tête de toute Principauté et de toute Puissance » (Colossiens 2, 9-10). Lui seul est « le Chemin, la Vérité et la Vie. Nul ne va au Père que par [lui] » (Jean 14, 6).

Si quelqu'un ignore le Christ et s'engage dans ces voies, il peut y découvrir des moyens pour tendre vers cette « divinité » qu'il cherche « pour l'atteindre, si possible, comme à tâtons et la trouver » (Acte 17, 27). Mais qu'un baptisé s'y engage, il s'expose à entendre les fermes avertissements de

Paul aux Colossiens : « Prenez garde qu'il ne se trouve quelqu'un pour vous réduire en esclavage par le vain leurre de la "philosophie" [c'est-à-dire de la recherche de la sagesse], selon une tradition tout humaine, selon les éléments du monde, et non selon le Christ » (2, 8).

Mais, dira-t-on, je ne cherche dans le yoga ou dans le zen qu'une technique de méditation ; quand je médite c'est vers le Christ que je me tourne, c'est lui et lui seul que je cherche. Peut-être, mais les méthodes ne sont pas neutres et tous les grands maîtres du yoga et du zen reconnaissent clairement que ces techniques sont indissociables d'une spiritualité et d'une philosophie religieuses qui n'ont pas grand-chose à voir avec celles du christianisme.

A cela ajoutons deux remarques. Yoga et zen font partie de tout un ensemble de civilisation (histoire, mœurs, rites, mentalités) qui les rend bien difficilement compréhensibles à nos mentalités formées par le rationalisme occidental. Même bien véhiculés par d'authentiques maîtres, ils ne peuvent nous parvenir, sauf exception, que mutilés et dénaturés. D'autre part, ils sont difficilement dissociables du vieux fond de l'Inde polythéiste et nombre de ces disciples occidentaux ont eu une désagréable surprise le jour où ils ont découvert, par exemple, que le « mantra » qu'ils répétaient consciencieusement à longueur de méditation n'était autre que le nom d'une authentique divinité païenne qu'ils invoquaient ainsi sans le savoir.

On peut comprendre par tout cela que le Malin dans son habileté peut se servir du naïf engouement de bons chrétiens pour ces méthodes afin de les détourner progressivement de l'unique sauveur Jésus-Christ et que les liens d'un véritable esclavage puissent ainsi être contractés, qui requéreront parfois une véritable prière de délivrance...

Le « Nouvel Age »

Il est difficile d'évoquer en quelques lignes ce courant qui nous arrive des États-Unis sous de multiples formes et sous le couvert d'associations apparemment anodines et pleines de bonnes intentions. Il s'agit d'un syncrétisme qui part d'un vague déisme (dont on ne sait pas bien si la divinité envisagée est de type panthéiste, à la manière de l'Inde, ou du style « Grand Architecte de l'univers » à la manière des philosophes du XVIIIe siècle et de la franc-maçonnerie) pour aboutir à la prétention de présenter face au christianisme, considéré comme dépassé, une religion moderne et vraiment universelle adaptée aux hommes du « Nouvel Age » astrologique, c'est-à-dire de l'« ère du Verseau ». Il s'y mêle une présentation pseudo-scientifique et l'utilisation d'une psychologie à bon marché *made in USA* qui vise à l'épanouissement de l'homme et à son harmonie avec la nature, un brin d'exotisme avec l'utilisation d'idées et de pratiques issues de l'Inde et de la Chine, des relents de spiritisme et d'occultisme occidental, des références astrologiques, souvent l'utilisation de la radiesthésie et du magnétisme... Tout cela est sans grande cohérence intellectuelle mais incontestablement séduisant pour des esprits occidentaux « ouverts » mais manquant de véritable formation philosophique ou spirituelle et insatisfaits du matérialisme pratique dans lequel ils baignent. Difficiles à repérer quand on n'a pas le minimum d'informations nécessaires, de multiples associations diffusent ces idées, souvent sous le couvert de « séminaires » pour la formation des cadres.

L'avenir dira ce qu'il adviendra de cette nouvelle mode et bien fin aujourd'hui celui qui pourrait discerner s'il s'agit d'un foisonnement spontané ou d'une entreprise savamment conduite par un « chef d'orchestre invisible » ! Moon avait au moins l'avantage d'agir à visage découvert... En tout cas l'action souterraine de l'Adversaire y apparaît clairement à celui qui a reconnu dans la foi les buts et « la tactique du Diable »...

Une personne de quarante ans, que je connaissais depuis de longues années, vint me voir un jour et me parla d'une paralysie qu'à son grand désarroi elle éprouvait devant la prière depuis quelque temps. Je pris avec elle le temps nécessaire pour essayer de discerner ce qui pouvait se passer, sans grand résultat, et me résignai à lui donner quelques conseils simples pour l'aider à surmonter cette épreuve momentanée mais somme toute classique. A la fin de l'entretien, je lui demandai des nouvelles de sa santé, car elle connaissait des difficultés auditives fort gênantes pour l'exercice de son métier de musicienne. Elle me répondit que son orthophoniste l'avait orientée vers un orthoptiste qui utilisait une « méthode nouvelle ». Rien que de très normal en cela, jusqu'au moment où elle parla du pendule dont se servait le spécialiste et de l'imposition des mains qu'il pratiquait. Cela me fit dresser l'oreille mais je ne pus en savoir plus, sinon le mot d'« énergies » qu'il employait. Ma visiteuse devait avoir chez elle une feuille polycopiée décrivant la méthode et son inspiration... Je lui demandai de me l'envoyer et par précaution lui proposai de prier avec elle pour tout cela. Dès le début de la prière, nous tombâmes sur le texte biblique d'un prophète évoquant la puissante libération et guérison que Dieu allait accorder à son peuple. Je fis alors une courte prière de délivrance qui secoua fortement ma visiteuse. Devant sa réaction, je précisai la prière et lui proposai de renoncer à cette thérapeutique douteuse. Une grande paix l'envahit aussitôt et quinze jours plus tard elle me déclara que ses difficultés de santé avaient disparu ainsi que sa paralysie devant la prière. Le petit polycopié de l'orthoptiste, quant à lui, révélait sans doute possible les attaches de la méthode avec le courant du Nouvel Age...

Dans tous les cas évoqués jusqu'ici, un bon éclairage sur ce qui se passe, un meilleur enracinement dans une authentique prière chrétienne et une bonne démarche de conversion suffisent le plus souvent pour démasquer les ruses de l'Adversaire et le mettre en fuite, assortis en certains cas d'une simple prière de délivrance. Il n'en est plus de même quand on se trouve en face de pratiques de magie ou de sorcellerie, ou plus encore de pratiques proprement sataniques...

V

Magie, sorcellerie et satanisme : on cherche des exorcistes !

Magie et sorcellerie

Les pratiques de la magie et de la sorcellerie sont immémoriales et universelles ; elles constituent une source d'étude inépuisable pour les historiens, les sociologues, les psychologues, les ethnologues, les médecins, les philosophes et les théologiens. La foi du peuple juif les a toujours combattues en les mettant en rapport avec le culte des idoles et des démons. En Israël (Exode 22, 17) et en bien d'autres peuples, quiconque s'y livrait était puni de mort ! Elles demeurent aujourd'hui pratiquées au grand jour en beaucoup de peuples et subsistent souterrainement en Occident beaucoup plus largement qu'on ne le pense ; elles imprègnent toute une mentalité populaire. Je viens d'en découvrir un signe curieux. Mon beau-frère, il y a une dizaine d'années, restaurait une vieille ferme située dans le Lubéron. Au moment de terminer la toiture, le maçon lui demanda s'il était d'accord pour remettre à l'extrémité du faîtage la « tuile tranchée » (c'est-à-dire taillée de manière à représenter deux cornes) : « Elle vous protégera contre le mauvais sort », ajouta l'homme de l'art. La coutume, ancienne, semble partout répandue en Provence et toujours pratiquée par les vieux maçons !

Les exorcistes quant à eux constatent que la plupart de leurs consultants leur arrivent en se croyant, à tort ou à raison, victimes d'un « sort » ou d'un « envoûtement » et après avoir couru d'un « désenvoûteur » à un autre !

Les procédés sont multiples : paroles de malédiction et « mauvais œil », sorts jetés à l'aide des matériaux les plus divers (plats ou boissons aux ingrédients les plus inattendus, épingles dans la tête ou le corps d'une poupée symbolique, objets étrangers introduits dans des oreillers ou des matelas), danses et incantations, rites sacrificiels. Tout peut être utilisé pour lancer un maléfice sur une personne ou un lieu ! Dom Amorth (*Un exorciste raconte*, ouvr. cité, pp. 179-180) regroupe ainsi les deux types essentiels de procédés utilisés :

> La *magie imitative* se fonde sur le critère de la ressemblance dans la forme et le procédé, ainsi que sur le principe selon lequel tout semblable appelle son semblable. La personne désignée sera représentée par un pantin dans lequel, après avoir prononcé « les prières de rite » convenues, on enfoncera des épingles pour faire du mal à la

personne figurée par le pantin : des douleurs ou des maladies se déclencheront chez la victime aux endroits correspondant aux parties transpercées.

La *magie contagieuse* repose sur le principe du contact physique ou de la contagion. Pour exercer son action, le magicien doit être en possession de quelque chose appartenant à la victime, à savoir des cheveux, des ongles, des poils, des vêtements, voire une photographie, de préférence du corps tout entier, le visage étant obligatoirement découvert. La partie vaut pour le tout, c'est-à-dire que l'action exercée sur une partie précise se répercutera sur l'ensemble de l'individu. Le magicien procédera au moyen de formules et de rituels appropriés, à des moments précis de l'année et de la journée, en invoquant les esprits pour rendre son œuvre efficace.

Seuls rient de tout cela ceux qui n'y ont jamais été confrontés. C'est tout un monde de haine, de peur et de méfiance qui se développe là où ces pratiques sont usitées ou simplement soupçonnées de l'être ! Et quiconque s'en est approché (ethnologues, exorcistes, consultants ou, rarement, adeptes repentis) ne met plus en doute leur efficacité...

Comment expliquer celle-ci ? S'agirait-il d'une mystérieuse relation (à prouver !) entre le monde visible et le monde invisible (les esprits ?) qui permettrait des influences réciproques de l'un sur l'autre et donnerait les moyens au sorcier de déclencher des « forces » ou des « énergies » mystérieuses pour obtenir des effets visibles ? Ou d'une invocation faite aux esprits démoniaques afin qu'ils opèrent eux-mêmes leur action maléfique ? Et les sorciers ne seraient-ils alors que les prêtres (conscients ou inconscients) d'un culte proprement satanique ?

Le satanisme

C'est en tout cas dans cette perspective qu'il faut se situer pour aborder le stupéfiant renouveau des sectes, cultes et pratiques sataniques auquel nous assistons aujourd'hui. Les uns se présentent ouvertement comme tels dans une incroyable attitude de provocation, de révolte, de haine et d'orgueil face à tout ce que représente le Dieu de Jésus-Christ,... et leurs déclarations sont répercutées par tous les *mass média* ! D'autres (et ce sont sans doute les plus nombreux et les plus dangereux) mènent une action secrète et sournoise visant à saper de l'intérieur toutes les institutions chrétiennes. Dans les réunions secrètes de leurs groupes fermés, ils développent leurs enseignements sataniques, organisent leurs actions de destruction, se livrent aux pratiques du culte satanique : sacrifices rituels, messes noires, profanation d'hosties consacrées, orgies...

Les armes pour les combattre

Si, dans les simples cas de magie et de sorcellerie traditionnelles, des prières de délivrance suffisent parfois, il est souvent nécessaire de recourir à la prière d'exorcisme de l'Église. Bien des missionnaires en terre païenne en ont été les témoins.

Je citerai seulement le cas de cette jeune femme qui, après s'être livrée un temps à des pratiques de sorcellerie, voulait revenir à la foi mais se trouvait en butte à un terrible combat intérieur. Elle se mettait à hurler dès qu'on commençait devant elle une prière ou qu'on posait un crucifix sur elle. La simple vue de l'eucharistie provoquait en elle un flot de basphèmes et, chaque fois que je commençais sur elle une prière d'exorcisme, elle réagissait instinctivement par un acte de violence,... ce qui faillit à plusieurs reprises me coûter la vie ! Quand je l'emmenais chez le père Gesland, alors exorciste du diocèse de Paris, il nous fallait d'abord l'attacher solidement et, même ainsi, je n'avais pas trop de ma force d'homme pour la maîtriser pendant que priait le vieux missionnaire. Elle est aujourd'hui libérée, mais il a fallu pour cela plusieurs années de combat !

Par contre, quand il s'agit de lutter contre les pratiques ouvertement sataniques, le grand exorcisme de l'Église s'avère d'entrée de jeu nécessaire et ce pour un combat qui peut se prolonger et revêtir des formes spectaculaires. C'est un de ces cas que raconte le père Mathieu, le célèbre exorciste de Besançon, dans une cassette (audio) intitulée *Le Témoignage d'un exorciste,* dont je n'ai pu retrouver l'éditeur.

J'ai rencontré au moins deux cas de ce type ; voici l'un d'entre eux.

Un jeune couple très bien connu de moi, des jeunes cadres équilibrés, profondément chrétiens, vient un jour me confier son désarroi. Depuis quelque temps leur premier enfant, âgé de quelques mois, présentait à certains moments sur le corps des taches bleutées semblables à celles laissées par des coups. Ils pensèrent d'abord que l'enfant s'était heurté en tombant et prirent les précautions nécessaires, puis ils allèrent consulter un médecin qui fit les observations d'usage, ordonna des examens, pensa à telle maladie. Devant les résultats médicaux négatifs, il soupçonna naturellement que l'enfant était battu et signala le cas, comme c'était son devoir, à l'assistante sociale. Celle-ci fit son enquête et le juge conclut en ce sens, exigeant que l'enfant fût confié pour un temps aux grands-parents. Rien ne se produisait chez ceux-ci et les taches réapparaissaient dès que l'enfant revenait à la maison. J'écoutai et interrogeai les parents pour m'assurer du bien-fondé de leurs dénégations et décidai d'aller un soir prier avec eux pour les réconforter et célébrer la messe en leur domicile. Quand j'arrivai, ils me firent visiter le petit appartement tout repeint de neuf, en particulier la chambre de l'enfant. Celle-ci, à leur arrivée, était bizarrement peinte, me dirent-ils, en noir et rouge, et ils s'étaient contentés de repasser une nouvelle couche de peinture convenant mieux à la présence d'un bébé. En ressortant, je remarquai que la face intérieure de la porte n'avait pas été repeinte et, en m'approchant, j'aperçus des inscriptions cabalistiques qui n'étaient autres que des inscriptions sataniques ! Il y avait eu des inscriptions semblables, me dirent les parents, sur les murs de la chambre avant qu'elles n'aient été recouvertes par la peinture, mais ils n'avaient pas su les déchiffrer et n'y avaient accordé aucune importance. Une fois la première surprise passée, je supposai que la pièce avait dû servir à des cultes sataniques et décidai de procéder à l'exorcisme de la maison, puis je bénis chacune des pièces et célébrai l'Eucharistie. Quand le jeune enfant put revenir, pour de brefs séjours d'abord et sous la surveillance de l'assistante sociale, les bleus sur son corps ne réapparurent pas. Il y eut une fois ou l'autre une brève alerte, puis tout rentra dans l'ordre définitivement.

On cherche des exorcistes !

Les « chrétiens évangéliques », très sensibilisés à ces phénomènes, n'hésitent pas à y reconnaître l'influence de Satan et des esprits démoniaques et peuvent même apparaître obsédés par elle. Ils multiplient à tout instant prières de délivrance et objurgations à Satan de quitter les lieux !

A l'inverse, dans l'Église catholique d'aujourd'hui, on aurait plutôt pour habitude de les ignorer ou d'en sourire comme de superstitions dépassées et de croyances ou coutumes incompatibles avec le sérieux d'un siècle éclairé par l'esprit scientifique. Les phénomènes extraordinaires dans la vie de tant de saints nous gênent au lieu de nous édifier, et les miracles nous apparaîtraient moins comme des signes qui nous invitent à croire que comme des obstacles qui tendraient à nous écarter de la foi, tant on a peur de paraître céder à la superstition et à la magie et de s'écarter de l'objectivité scientifique qui, bien sûr, exclut le miracle ! Devant un fait troublant, l'hypothèse la plus invraisemblable paraît préférable à la simple supposition d'une éventuelle intervention surnaturelle... Et on ajoute en cas de besoin : si la science n'explique pas cela aujourd'hui, elle le fera demain ! Plus sérieuse que cette mentalité diffuse, l'Église en ses instances officielles accepte bien le miracle mais avec de telles précautions qu'à la limite elle le voudrait quasi chimiquement pur ! Caractéristique est à cet égard l'attitude de la Commission des constatations médicales de Lourdes. On s'étonne, devant ses exigences, que certains miracles puissent encore être reconnus ! Et il en est pourtant !

La cause de cette rigueur, prudente et sage certes, mais peut-être excessive, est sans doute une définition du miracle non plus, selon la Tradition, comme intervention particulière de Dieu, mais comme « fait inexplicable aux yeux de la science ». Or Dieu, et Satan à son imitation, peut accomplir maints prodiges qui dépassent notre compréhension mais aussi, et c'est la manière dont il agit habituellement par ce qu'on appelle sa grâce, accomplir son œuvre d'amour et de puissance en se servant des causes secondes*. « Dieu ne supprime pas la nature mais il l'élève[1] » ; Satan de même ne supprime pas la nature et ses cheminements, mais il s'y insère sournoisement pour la blesser et nous conduire à la mort.

La conséquence de cette mentalité diffuse, contraire à ce qu'a toujours cru, enseigné et pratiqué l'Église dans sa Tradition, est que le problème de l'action satanique (et donc de la lutte à mener dans la foi pour s'y opposer) est actuellement gravement sous-estimé en Occident. Je ne me rappelle pas avoir suivi au séminaire une seule heure de cours sur les anges ou les démons. L'ignorance de la plupart des prêtres en ce domaine est quasi totale et si un fidèle vient trouver un de ses prêtres pour lui soumettre quelque question ou inquiétude, il se heurte à un silence embarrassé, quand ce n'est pas à un sourire apitoyé ; s'il insiste, il se verra proposer l'adresse d'un bon psychiatre... Quand, tout étonné, j'ai commencé à découvrir le problème et essayé d'en parler avec des confrères,

1. Adage théologique universellement répété depuis la théologie médiévale.

j'ai rencontré plus de haussements d'épaules et d'avertissements sévères à « ne pas me mêler de ça » que d'accueil fraternel et d'écoute attentive. J'ai pris contact avec l'exorciste officiel du diocèse, qui, lui, y croyait et m'a beaucoup aidé et conseillé, mais j'ai découvert en même temps qu'il était seul, et ô combien envahi et débordé, pour les huit diocèses de la région parisienne ! Et quand, invité je ne sais par qui, j'ai été prié de me rendre à la rencontre annuelle des exorcistes diocésains en janvier 1980, ils étaient neuf anciens à nous accueillir, les six nouveaux et moi-même. Heureusement les choses ont beaucoup changé depuis !

Témoignage des exorcistes de Rome

Cette carence n'est sans doute pas propre à la France puisque je trouve des remarques analogues, et plus incisives encore, dans le livre publié en italien en 1991 et traduit en français en 1992, sous le titre *Un exorciste raconte* (ouv. cité).

Dans la préface, le père Laurentin, théologien spécialiste des apparitions mariales, écrit : « Pour beaucoup de chrétiens (y compris théologiens ou hiérarques, souligne Dom Amorth), le Démon n'existe plus. Il ne serait que la personnalisation symbolique de phénomènes obscurs, psychiatriques ou parapsychologiques en voie d'élucidation scientifique » (p. 5).

Dans sa présentation, le père Amantini, premier exorciste du diocèse de Rome, précise :

> Au cours des dernières décennies, alors que l'on a beaucoup écrit dans presque tous les domaines de la théologie et de la morale catholique, le thème des exorcismes a été quasiment oublié (p. 13).
>
> La plupart des écrivains contemporains, y compris les théologiens catholiques, ne nient pas l'existence de Satan et des autres anges rebelles, mais ont tendance à diminuer l'importance de leur influence sur les choses humaines. Et lorsqu'il s'agit d'une influence dans le domaine physique, le discrédit devient alors un devoir et une preuve de sagesse. La culture contemporaine dans son ensemble estime qu'attribuer la cause des phénomènes qui se produisent autour de nous à des agents différents de ceux qui sont d'ordre naturel est une illusion digne des époques primitives (p. 15).
>
> [...] Rares sont les chercheurs qui admettent [...] rares sont les médecins qui [...] Beaucoup d'entre eux en appellent, dans des cas pareils, à Freud [...] alors que leur action, associée à celle d'un prêtre exorciste, aurait pu s'avérer, dans ces cas aussi, particulièrement bénéfique (p. 16).

Mais l'auteur du livre, Dom Grabriele Amorth, ancien provincial des religieux paolins et directeur d'une grande revue italienne, exorciste adjoint du diocèse de Rome depuis sept ans, va encore plus loin :

> En Italie, il y a très peu d'exorcistes et encore moins d'exorcistes formés [...] Incurie des évêques et des prêtres ? Véritable incrédulité quant à la nécessité et à l'efficacité de ce ministère ? [...] Aujourd'hui, la pastorale dans ce secteur et dans le monde catholique est complètement négligée [...] Les exorcistes ? Non seulement leur nombre est faible, mais les exorcistes sont mal vus, combattus, ils ont du mal à être accueillis pour exercer leur ministère (p. 20).

> Il m'est impossible de passer sous silence le fait que beaucoup trop d'hommes d'Église se désintéressent totalement de ces problèmes et abandonnent les fidèles sans la moindre protection [...] Les évêques ont surtout commis la faute impardonnable de laisser s'éteindre toute la pastorale relative à l'exorcisme [...] L'exorciste est aujourd'hui considéré comme un être rare, presque introuvable [...] La hiérarchie catholique doit faire son mea culpa. Je connais beaucoup d'évêques italiens, mais aucun qui ait fait des exorcismes ou qui y ait assisté et qui soit réellement conscient du problème (p. 69).

Sur ce dernier point, je serais moins sévère que Dom Amorth... en ce qui concerne du moins les évêques de France, car j'ai reçu de mon archevêque un accueil vraiment compréhensif et je connais personnellement au moins trois évêques qui connaissent réellement la question. Mais souvent l'embarras des évêques est grand ; témoin ce souvenir de Dom Amorth :

> Un évêque me téléphona un jour pour me demander d'exorciser quelqu'un. Ma première réponse fut de lui suggérer de nommer lui-même un exorciste. Il me répliqua alors qu'il ne parvenait pas à trouver de prêtre qui accepte cette charge. Ce problème est malheureusement général (p. 85).

Après avoir évoqué la fermeté de Paul VI et de Jean-Paul II, Dom Amorth continue :

> Pour beaucoup de prêtres contemporains, il ne s'agit en fait que de paroles en l'air : que ce soient celles de la Bible, de la Tradition ou du magistère. Mgr Balducci écrit à juste titre : « Il faut que le public prenne conscience de la crise que traverse l'Église, au moins en ce qui concerne la doctrine ! » (*Il diavolo*, Éditions Piemme, p. 163). On m'a dit qu'un grand nombre de mes articles reflétait un esprit polémique à l'égard de certains théologiens, évêques et exorcistes. Mon intention n'était pas de critiquer mais de faire éclater la vérité car la crise n'est pas seulement *doctrinale* : elle est surtout *pastorale*, c'est-à-dire qu'elle concerne les évêques qui ne nomment pas d'exorcistes et les prêtres qui n'y croient plus. Sans vouloir généraliser, il faut reconnaître qu'aujourd'hui les personnes tourmentées par le Démon sont innombrables et qu'à chaque fois qu'elles souhaitent consulter un exorciste elles finissent toujours par se retrouver devant un panneau indiquant « Travaux en cours » (p. 204).

Dom Amorth évoque ensuite un certain nombre de théologiens ou de pasteurs qui refusent résolument d'accorder toute attention à ces problèmes, avant de conclure sur ce fait :

> Mes confrères américains, qui souhaitent faire traduire le livre de Balducci *Il diavolo*, ont été obligés par le réviseur diocésain de supprimer les passages traitant de la possession diabolique afin d'obtenir l'imprimatur. On remarquera l'incohérence d'une telle disposition, car il est question, dans ces passages, non seulement de faits historiquement documentés mais également de la mise en pratique des principes exposés dans le livre. C'est l'erreur habituelle qui se reproduit : on accepte la présence du Démon, dans l'absolu, pour ne pas être qualifié d'hérétique, mais on la refuse catégoriquement dès qu'il s'agit de cas concrets (pp. 211-212).

Inquiétante est cette carence sur le plan doctrinal car, si elle devait se prolonger, c'est la foi même de l'Église qui risquerait d'être atteinte et mutilée. Mais grave aussi pastoralement, car des multitudes de pauvres (et qui est plus pauvre que celui qui se trouve sans défense sous l'emprise du Mauvais et qui se découvre rejeté, ou qui plus est méprisé, par ceux-là mêmes qui avaient reçu mission de le défendre ?) sont de fait abandonnés par l'Église : après avoir en vain cherché un prêtre qui les prenne au sérieux et un exorciste qui leur vienne en aide, ils n'ont plus d'autre ressource que de se tourner vers les communautés protestantes

« évangéliques », quand ce n'est pas vers l'un des multiples (et le plus souvent pseudo-) évêques, exarques, prêtres exorciseurs qui officient, hors de l'Église, en échange souvent de substantielles « aumônes » plus ou moins forcées... A moins qu'ils ne s'adressent à un « désenvoûteur » professionnel qui sous couvert de « magie blanche » pratiquera sur eux une autre forme de magie qui les enfoncera encore un peu plus dans l'esclavage du Mauvais.

VI

Un nécessaire discernement

Une juste conception de l'homme

Afin de pouvoir repérer, comprendre et discerner en chaque cas l'action multiforme que Satan et ses démons peuvent entreprendre quand ils s'attaquent à l'homme, il nous faut bien connaître celui-ci dans les différents aspects de son être, leurs intimes connexions et les points faibles qu'il peut présenter à l'Adversaire.

L'homme est effectivement un être complexe que l'on peut considérer dans sa solidarité avec l'univers physique (son corps), dans sa vie intérieure consciente ou inconsciente (son psychisme ou son âme) et dans cette « fine pointe » de son âme qu'est l'esprit (par lequel il est « image de Dieu », qui est le siège de sa liberté profonde et qui le rend capable d'amour et de communion avec Dieu). Ce ne sont pas trois parties hétérogènes superficiellement juxtaposées pour le court laps de temps de sa vie terrestre, mais les trois composantes d'un être profondément unifié pour ce temps et pour la vie éternelle (d'où l'importance de la « résurrection de la chair »), trois composantes qui entretiennent entre elles d'intimes connexions.

Dans une perspective trop étroitement matérialiste, la médecine occidentale ne s'est longtemps intéressée qu'au corps et, quand elle s'est constituée en science, la psychiatrie a été tentée de ne voir dans le psychisme qu'un épiphénomène, un pur reflet de l'activité cérébrale. Les progrès de la psychologie contemporaine ont permis très largement de dépasser cette première approche et l'on a vu dans un second temps éclater en de multiples professions (souvent rivales) l'unique discipline du psychiatre : neurologie, neuropsychiatrie, psychiatrie, psychothérapie, psychanalyse ! Nous en sommes maintenant à une nouvelle découverte (qui ressemble fort à une lapalissade) : la médecine psychosomatique. Car, si des troubles physiques engendrent des troubles psychiques, l'inverse est tout aussi vrai. On est encore loin d'avoir élucidé les mécanismes qui permettraient de comprendre le phénomène (et de le maîtriser), mais l'évidence s'impose de plus en plus à la plupart des médecins.

Il faut sans doute aller plus loin encore et c'est le sens du travail d'équipes pluridisciplinaires d'inspiration chrétienne ou du moins spiritualiste : la vie spirituelle se déploie dans un psychisme humain lui-même lié à un organisme physique. Les troubles physiques et psychiques ne sont pas sans retentissement dans la vie spirituelle, et celle-ci retentit à son tour sur le psychisme comme sur le corps. Ainsi voyons-nous naître peu à peu aujourd'hui une approche « psychopneumatique » (de *pneuma* qui en grec traduit notre mot « esprit », lequel est lui d'origine latine). C'est tout le sens des recherches menées à Castres au château Saint-Luc, ou à Issy-les-Moulineaux (près de Paris) à la Maison de Lazare. Outre qu'elle peut aider bien des hommes en difficulté (devant lesquels on était fort démuni jusqu'ici), cette nouvelle approche pluridisciplinaire pourra peut-être contribuer à nous faire avancer dans la compréhension des « guérisons miraculeuses ».

Le Christ vient sauver l'homme tout entier

Dans une perspective chrétienne, on peut aisément comprendre que, si l'homme a été fait « pour Dieu » et pour aimer, c'est tout son être (esprit, âme et corps) qui se trouve comblé par le plein épanouissement de sa vocation divine à l'Amour ou perturbé par son échec. Le bon sens populaire n'a-t-il pas depuis longtemps remarqué qu'*un saint triste est un triste saint* et que la vraie sainteté se reflète normalement dans une paix et une sérénité qui marquent tout l'être ? Normalement..., car des perturbations psychiques ou physiques peuvent marquer en retour le progrès de la vie spirituelle en l'entravant plus ou moins, ou en lui servant au contraire de tremplin. C'est tout le sens des livres du Dr Philippe Madre de la Communauté des Béatitudes, animateur de l'équipe pluridisciplinaire du château Saint-Luc. Quand le Christ vient rejoindre l'homme en sa condition souffrante et pécheresse et assumer celle-ci dans le mystère de sa Croix, de sa mort et de sa résurrection, il vient sauver l'homme tout entier, pour la résurrection et la vie éternelle certes, mais il aime en donner des signes sensibles dès aujourd'hui en délivrant les possédés et en guérissant les malades. Il a donné cette même mission à ses apôtres (Marc 16, 15-20). C'est le sens des guérisons miraculeuses dans l'Église tout au long de son histoire (et celle-ci en a même fait un signe permettant d'authentifier la sainteté des chrétiens lors du procès en vue de leur canonisation), jusques et y compris pour les miracles de Lourdes. Il y aurait beaucoup à dire dans le même sens à propos de l'onction des malades dont le concile Vatican II nous a restitué la véritable signification, trop longtemps oubliée. Ce sacrement peut certes être administré comme extrême-onction pour fournir au malade proche de sa fin la grâce du Christ et de la prière de l'Église en vue de son agonie et de son « passage » de la mort à la vie, mais il est d'abord signe de la puissante tendresse du Christ qui s'approche de l'homme souffrant pour le sauver en son être tout entier, en son corps (si tel est le dessein de Dieu dans sa sagesse) ou en tout cas pour la résurrection et la vie éternelle :

Quelqu'un parmi vous est-il malade ? Qu'il appelle les prêtres de l'Église et qu'ils prient sur lui après l'avoir oint d'huile au nom du Seigneur. La prière de la foi sauvera le malade et le Seigneur le relèvera ; s'il a commis des péchés, ils lui seront remis (Jacques 5, 13-15).

L'action démoniaque sur l'homme

Ce qui est vrai du Christ pour la vie de l'homme (« La gloire de Dieu, c'est que l'homme vive ; et la vie de l'homme, c'est de voir Dieu », écrivait saint Irénée de Lyon au IIe siècle) l'est, toutes proportions gardées, de Satan pour la mort de l'homme ; à une réserve près, et elle est de taille : « L'Esprit de Dieu vient se joindre à l'esprit de l'homme » qui s'ouvre à lui dans sa liberté (Romains 8, 16) et il vient habiter en lui, non en détruisant cette liberté mais en l'épanouissant et en la surélevant pour lui faire produire « les fruits de l'Esprit » (Romains 8, 1-26 ; Galates 5, 22-26). L'action de l'Adversaire, par contre, ne peut s'exercer directement que sur les puissances sensibles de l'homme pour les blesser, les lier et les faire souffrir ; elle ne peut rien directement sur son être profond, la liberté de son esprit, sinon les tenter en se servant de ces mêmes puissances sensibles : les mouvements de son corps, les suggestions de son imagination ou de sa mémoire qui lui proposent mensongèrement comme séduisants des biens illusoires ou des biens réels présentés comme satisfaisants et absolus, alors qu'ils ne sont que partiels et passagers. A moins que cette liberté de l'homme, séduite puis consentante, ne vienne par une connivence coupable à s'ouvrir à la présence du Mauvais et à se donner à lui en quelque sorte. Mais là encore, il reste toujours, si minime soit-elle, une zone profonde de liberté en l'esprit de l'homme où Dieu seul a accès et qui permet à tout pécheur jusqu'à son dernier instant et même à tout « possédé » de se retourner vers Dieu pour crier vers lui (« Des profondeurs je crie vers toi, Seigneur ») et accueillir son salut.

Diagnostic médical et discernement spirituel

Que peut-on attendre d'un médecin ? Que par ses observations cliniques il découvre l'ensemble des signes ou symptômes d'un dysfonctionnement du corps ou du psychisme, qu'il les mette en rapport avec des cas semblables observés chez d'autres patients (ce qui lui permet de nommer la maladie) et s'efforce de mettre au jour les mécanismes biologiques ou/et psychologiques qui ont présidé à la genèse et au développement de cette maladie. Ainsi pourra-t-il tenter d'y porter remède.

Quel est le but du discernement spirituel ? A partir des signes observés dans la vie du consultant et en s'appuyant sur les données de la foi et sur l'expérience de tous les spirituels, s'efforcer de reconnaître ce qui vient de l'esprit de l'homme, ce qui vient de Dieu (« le bon Esprit ») ou ce qui vient de l'Adversaire (« le mauvais esprit »). Recueillant l'héritage de quinze siècles d'expérience spirituelle chrétienne, depuis les premiers Pères du désert (dont le moine Cassien au ve siècle a résumé l'enseignement), et réfléchissant sur sa propre expérience, saint Ignace de Loyola nous a livré dans ses *Exercices spirituels* l'essentiel de ces « règles du discernement des esprits ». Pour être utilement appliquées, elles requièrent non seulement une bonne théologie et une attentive sagesse humaine mais encore une profonde attitude d'humilité, de foi, de prière à travers laquelle le guide spirituel pourra accueillir le don et le charisme de discernement qui est le fruit de l'Esprit saint.

N'attendons donc pas du médecin qu'il nous dise s'il y a ou non intervention de Dieu ou du Démon, pas plus qu'il ne faut demander un diagnostic médical au guide spirituel. Chacun d'eux a besoin des connaissances et de l'expérience de l'autre pour éclairer son diagnostic ultime ou son discernement, mais doit respecter la relative autonomie du domaine et de l'approche de l'autre.

Mais n'attendons pas non plus du guide spirituel qu'il nous découvre du surnaturel ou du démoniaque « à l'état chimiquement pur », comme si l'on pouvait « trouver Dieu au fond de l'éprouvette » ou le rencontrer au détour d'un tour de lune !

Quand l'Adversaire investit un homme, il l'attaque par les points faibles de son corps ou de son psychisme (repérables par le médecin) et, s'il réussit dans son entreprise, il va tourmenter, blesser, lier cet homme en telle de ses puissances humaines, jusqu'à faire éclater si possible sa personnalité afin de mieux s'en emparer. Ces dérèglements produits dans la nature de l'homme ressembleront à s'y méprendre à telle ou telle pathologie bien connue du médecin, voire même constitueront cette pathologie, à ceci près que la cause déclenchante de la maladie aura été non pas une cause naturelle (accident, microbe ou virus, vieillissement d'un organe, choc affectif, etc.) mais l'action sournoise du Mauvais s'insinuant dans ces mécanismes naturels. Ainsi, pour reprendre un exemple cité dans un chapitre précédent, le psychiatre avait bien repéré chez sa cliente les symptômes d'un constitution schizophrénique, mais sa foi et son expérience personnelles le laissaient ouvert à une autre explication sur la genèse des symptômes présentés. Seul le discernement spirituel pouvait me permettre de découvrir qu'il s'agissait bien effectivement d'une attaque démoniaque à combattre par les armes spirituelles de la foi et non par une simple médication chimique ou une psychothérapie qui n'auraient eu en l'espèce aucun effet, alors que l'exorcisme a permis à cette « malade » d'accueillir en même temps délivrance et guérison.

Les diverses formes de l'action démoniaque

La première forme de l'action démoniaque, celle que quiconque (et même le Christ) a pu expérimenter, n'est autre que la *tentation.* Comme le montrent bien le récit du premier péché (Genèse 3), celui des tentations du Christ (Matthieu 4) et notre expérience quotidienne, le Séducteur flatte les organes de nos sens ou nos puissances intérieures (mémoire, imagination, désirs de toutes sortes) en leur proposant des objets dont il nous montre d'abord l'apparence bonne et désirable (et ils le sont sans doute pour une part) ; mais ce faisant, il nous cache ce qui en cette réalité est mauvais, et nous conduit peu à peu, en attisant notre désir, à choisir ce bien partiel, éphémère ou illusoire de préférence à celui que Dieu nous propose comme le seul Bien véritable. C'est « la tentation sous l'apparence du bien » dont Ignace de Loyola démonte parfaitement le mécanisme. Ainsi est-il bon pour l'homme de souhaiter « devenir comme des dieux » (Genèse 3, 5), mais en accueillant cette qualité comme un don que Dieu fait à ses enfants et non pas en mettant en doute son amour, en se le représentant comme un Dieu jaloux et en prétendant conquérir sur lui ce privilège.

Une seconde forme, plus brutale, est l'*infestation.* L'Adversaire mène sur nous une sorte d'action psychologique par laquelle il s'efforce de nous déstabiliser, de susciter en nous inquiétude, peur isse. Il nous menace par des bruits étranges (rivari, audible de tous les paroissiens, qui agitait le presbytère d'Ars et dont le pauvre curé avait appris à comprendre qu'il précédait un jour de confession où surviendrait quelque « gros poisson ») ou tente d'user nos nerfs jusqu'à ce que nous succombions à la tentation de l'invoquer pour qu'il cesse de nous tourmenter : c'est ce qui arriva à une personne bien connue de moi et troublée depuis des mois dans son sommeil par des bruits inexpliqués. Je me décidai à aller chez elle, à bénir la maison et à y célébrer l'Eucharistie : quelques jours après, les bruits commencèrent à décroître jusqu'à leur disparition complète.

Il y a aussi des *obsessions* que Dom Amorth décrit comme « des attaques brutales, parfois continuelles, de pensées obsessionnelles pouvant aller jusqu'à l'absurde, dont la victime n'est pas en mesure de se débarrasser. Cette dernière vit dans un état de prostration et de désespoir permanent qui peut la conduire au suicide » (p. 42),... ce qui est le but même du Mauvais. Tout peut devenir obsessionnel, mais les cas les plus fréquents sont des obsessions de haine, de sacrilège, de désir sexuel ou de type suicidaire. Elles sont particulièrement difficiles à discerner car très liées à des états psychiatriques bien répertoriés.

Par les *vexations*, l'Adversaire s'attaque à sa victime en lui faisant souffrir toutes sortes de maux physiques, de maladies et de souffrances étranges qui vont jusqu'à atteindre l'intégrité de son corps.

Ainsi le bébé évoqué plus haut, atteint de bleus inexplicables, ou encore Marthe Robin projetée si violemment hors de son lit (qu'elle ne pouvait quitter, vu son état de faiblesse) qu'elle en mourut. Certains saints étaient battus, flagellés par le Démon, comme on le rapporte de saint Paul de la Croix et plus récemment du Padre Pio. Saint Paul semble évoquer quelque chose de semblable quand il parle de son « écharde dans la chair », cet « ange de Satan chargé de [le] souffleter » (2 Corinthiens 12, 7).

Dans le Renouveau charismatique, on parle souvent de *liens* d'origine démoniaque par lesquels l'Adversaire vient comme paralyser l'une ou l'autre de nos puissances sensibles, voire spirituelles. Je pense à cette femme toute donnée à l'amour du Seigneur et au service d'enfants handicapés. Elle puise sa force chaque jour dans la prière et l'Eucharistie, mais à certains moments, elle se trouve comme privée de toutes ses forces intérieures, happée par une sorte de brouillard de somnolence qui la rend incapable sinon des actes de la vie quotidienne, du moins de toute prière. A une certaine période de sa vie, cet état la prenait au début de la messe et allait crescendo jusqu'au moment de la communion : il lui fallait alors un effort surhumain pour s'avancer vers la Sainte Table. Seule une prière de délivrance lui permettait de retrouver, avec ses forces, la lucidité de l'esprit et la paix du cœur...

Vient enfin la *possession* elle-même, qui revêt

de multiples formes mais est, contrairement aux formes précédentes, relativement rare et exige seule en tout cas la prière du grand exorcisme. A moins qu'un certain nombre des « malades » internés dans les hôpitaux psychiatriques ne soient d'authentiques possédés qui n'ont pas été reconnus comme tels... Cette rareté relative permet de comprendre pourquoi certains exorcistes affirment n'en avoir jamais rencontré. Ne serait-ce pas aussi parce que beaucoup d'entre eux sont empêchés de les reconnaître comme tels à cause des *a priori* rationalistes qui perturbent leur jugement ? Quoi qu'il en soit, la possession représente un degré beaucoup plus violent et profond de l'action satanique. L'Adversaire s'est emparé des puissances sensibles de sa victime et se sert de celles-ci comme d'un instrument. Cette emprise produit chez elle une sorte de double personnalité, ce qui provoque des symptômes analogue à ceux de la schizophrénie. Les puissances sensibles (le corps et le psychisme) seules sont-elles atteintes et réduites à l'esclavage ou l'Adversaire est-il aussi parvenu, au moins en certains cas, à se joindre à l'esprit de sa victime, singeant en cela l'action de l'Esprit de Dieu ? S'il en était ainsi, cela supposerait de la part du possédé un acte de sa liberté par lequel il aurait lui-même un jour ouvert cette liberté à l'Adversaire ou même se serait livré à Satan (c'est effectivement le sens du pacte satanique, dont je connais plusieurs exemples). On frémit en pensant qu'aujourd'hui encore il en est qui vont jusqu'à « vendre leur âme au Diable » ! Mais avec cette réserve déjà signalée qu'une part de liberté profonde demeure toujours, laissant la possibilité d'une vraie conversion (et j'en connais au moins un cas), avec évidemment l'aide d'une puissante grâce de Dieu... Ces états de possession peuvent être permanents ou n'être que des moments de crise violente entre lesquels la victime peut respirer : ainsi en fut-il de « la petite sœur Mariam » récemment béatifiée. Ou encore il peut s'agir dans d'autres cas d'un état latent avec des manifestations intermittentes...

Les critères de discernement

En ce qui concerne la tentation et la conduite commune de la vie spirituelle, la Tradition de l'Église a élaboré peu à peu, à partir des indications du Nouveau Testament et de l'expérience des mystiques et des saints, les « règles du discernement spirituel ». D'innombrables ouvrages contemporains en ont traité, en menant un dialogue fécond entre les grands maîtres de la théologie spirituelle (Cassien et Ignace de Loyola en tout premier lieu) et les acquis de la psychologie contemporaine.

Il en va tout autrement des formes extraordinaires de l'action démoniaque sur lesquelles il n'y a pas actuellement d'étude d'ensemble mais, seulement depuis quelques années, de brèves indications dispersées dans des discours, articles de revues ou chapitres d'un livre. L'essentiel du travail reste à faire. En voici quelques pistes.

Le Rituel romain édité par Paul V et mis à jour par Pie XII avertit tout d'abord l'exorciste « de ne pas croire facilement que quelqu'un est possédé [littéralement : *obsessum*, c'est-à-dire « assiégé », ce qui recouvre non seulement la possession mais aussi les autres formes extraordinaires de l'action démoniaque], mais qu'il connaisse les signes par lesquels le possédé est distingué de ceux qui souffrent de quelque maladie en particulier psychique » (chap. 1, n° 3 du Rituel de l'exorcisme).

Le document de la Sacrée Congrégation (p. 718 de *La Documentation catholique*) précise les raisons de cette sage prudence qui refuse « le laisser-aller trop facile à prétexter quelque sollicitation démoniaque ». L'Église, en effet, « n'a jamais permis à l'homme d'évacuer sa responsabilité en attribuant ses fautes aux démons ». D'autre part, « l'enseignement chrétien [...] a proscrit la superstition autant que la magie [...] Bien plus, dès qu'on parle d'une intervention diabolique possible, l'Église fait toujours place, comme pour le miracle, à l'exigence critique. La réserve et la prudence sont, en effet, requises. »

Cet avertissement sage et prudent s'impose plus que jamais dans le contexte de crise spirituelle évoqué dans les chapitres précédents, et le recours aux sciences humaines permet de baliser et d'éclairer le discernement spirituel. De fait, les exorcistes recourent de plus en plus aux conseils d'un psychiatre pour cette phase essentielle du discernement, et certains évêques ont même très heureusement mis en place autour de l'exorciste toute une équipe pluridisciplinaire (médecin, psychiatre, théologien, pasteur, etc.) qui permet en chaque cas de mieux cerner les différents éléments du problème.

Le Rituel continue dans le même paragraphe en évoquant trois signes extraordinaires qui peuvent éclairer le discernement :

— parler (ou comprendre) des langues inconnues ;

— connaître des événements cachés ou lointains ;

— exercer une force dépassant la nature normale de l'intéressé.

Ces signes sont indicatifs et non déterminants : la glossolalie peut être un don de l'Esprit saint, la voyance peut relever d'un don naturel et la force déployée peut relever d'états hystériques ! Cependant, pris dans un certain contexte spirituel, ils peuvent orienter ou confirmer le discernement de l'exorciste. En tout cas, ils ne sont pas suffisants pour conclure et ils ont l'inconvénient de valoir surtout pour les états de possession à proprement parler.

Antérieurement à ces signes très extérieurs, qui peuvent apparaître ou être absents, la première démarche est de prendre longuement le temps d'accueillir et d'écouter le « patient » en s'efforçant d'éclairer les multiples aspects (médicaux, psychologiques, spirituels ; son entourage, les événements vécus, etc.) et la genèse des difficultés rencontrées. Le détail le plus insignifiant peut être révélateur, et tout exorciste sait combien toute la science théorique (psychologique ou spirituelle) ne remplacera jamais l'expérience longuement acquise qui permet en un instant de saisir comme intuitivement ce que le novice ne découvrira jamais ! Puisqu'il s'agit d'un discernement d'abord spirituel, l'exorciste devra, tout en sollicitant les lumières des spécialistes, porter une attention toute particulière au climat et aux événements spirituels à travers lesquels le sujet a vu naître ses premières difficultés. Ainsi ai-je pu un jour découvrir que telle personne qui revenait me voir de temps à autre ne connaissait certains troubles qu'après avoir pris dans sa prière telle ou telle personne de son entourage connaissant des difficultés particulièrement aiguës : le Mauvais se vengeait-il contre elle de sa prière d'intercession ? Le curé d'Ars n'a-t-il pas connu des vexations de ce type en relation avec son ministère de confesseur ? Et le soupçonnerait-on pour autant d'être la victime plus ou moins hystérique d'un quelconque transfert psychologique ? Qu'on repense au célèbre thème de l'« échange des morts » dans le *Dialogue des carmélites* de Bernanos, quand la vieille et solide mère prieure agonise dans l'angoisse, prenant sur elle la peur de la petite novice qui montera en chantant à l'échafaud ! Le mystère de la communion des saints, cela existe aussi...

Mais dans le contexte actuel, il faut accorder une attention toute particulière aux contacts éventuels du sujet avec l'une ou l'autre des formes de l'ésotéro-occultisme qui est de fait l'un des champs d'action privilégiés du Mauvais. A l'expérience, les trois quarts des personnes qui venaient me consulter finissaient par m'avouer (le plus souvent après s'en être défendues !) qu'elles avaient consulté plus ou moins fréquemment l'un ou l'autre des praticiens de ces sciences occultes !

Mgr Gaidon, dans une conférence donnée à la réunion annuelle des exorcistes français en janvier 1985, proposait les critères suivants, repris par le père Vernette (*Exorciste aujourd'hui ?*, ouvr. cité) :

1. « une aversion prononcée pour les valeurs religieuses » ;

2. « l'appartenance à des sectes qui engagent réellement à des choix sataniques » ;

3. la présence de certains traits que Paul VI lui-même évoque en ces termes :

— la négation de Dieu exprimée de façon radicale,

— le mensonge qui s'affirme contre la vérité évidente,

— l'amour étouffé par un égoïsme froid et cruel,

[j'ajouterai personnellement l'orgueil de l'intelligence et la volonté de puissance dominatrice prête à écraser quiconque s'y opposerait]

— le nom du Christ objet de haine farouche,

— le désespoir présenté comme seule perspective.
[J'ajouterai ici une certaine volonté de destruction face à toute vie, à tout ce qui est Beau, Vrai ou Bien.]

Mgr Gaidon poursuit :

Ai-je rencontré moi-même des êtres répondant à ces critères ? Je pense pouvoir répondre par l'affirmative. Il s'agissait, en tous les cas, de personnes liées à des sectes « sataniques » et s'étant livrées à des expériences dans lesquelles la volonté de perversion ou le climat de haine prédominaient. J'ai cru pouvoir les soumettre à la prière de l'Église pour les arracher à ce climat oppressant d'une haine destructrice, la haine étant — dans l'Écriture — un signe de mort : « Celui qui hait son frère est homicide. (1 Jean 3, 15) » « Le Diable est homicide. (Jean 8, 44) »

Il y a des climats créateurs de violence, de dépersonnalisation, de déstructuration intérieure. Il y a des ambiances porteuses de dégradation. Et c'est pourquoi je reçois personnellement comme une véritable interrogation les livres qui dénoncent aujourd'hui l'influence perverse exercée par certains rythmes et certaines musiques (phénomène du rock, matraquage du bruit et des lumières violentes, viol de l'intériorité, problème des messages subliminaux). Je ne suis pas du tout tenté de « hausser les épaules ». Cette mise à mort de l'homme entretenue par la drogue, la pornographie, le culte punk de la provocation gratuite, la

banalisation de l'avortement..., n'y a-t-il pas là, sous nos yeux, comme une sorte de défi lancé par celui qui est « ennemi de la vie », adversaire de Celui qui est la Vie ? Comment l'Église peut-elle intervenir et à quelle prière peut-elle recourir ?

Deux précisions s'imposent :

— aucun de ces signes n'est reconnu à lui seul comme déterminant ; il faut pour cela la conjonction de plusieurs d'entre eux. Il importe de chercher le rapport entre ces signes qui peuvent manifester une forme de l'action démoniaque avec tel ou tel événement dans l'histoire du sujet ;

— le plus souvent l'exorciste ne sera parvenu au terme de ce premier discernement qu'à un soupçon fondé, suffisamment fort pour lui permettre d'engager une première prière. C'est en avançant dans cette prière que les réactions du sujet, et parfois des réactions brutales du démon se servant alors de lui comme d'un instrument, viendront confirmer et préciser le discernement premier et permettront d'orienter la prière.

Ainsi, quand je voyais arriver M. avec certains symptômes, connaissant bien toute son histoire, je commençais toujours par une sorte de test en lui faisant un signe de croix sur le front : la réaction de fuite était immédiate, confirmant mon impression. Et c'est après un premier temps de prière que je le voyais entrer dans une sorte de semi-inconscience d'où s'échappaient des plaintes et des gémissements, puis des paroles où il exprimait l'impression de tomber dans un gouffre profond et ténébreux. Alors M. semblait émerger de cette sorte d'anéantissement et laissait échapper parfois un nom, parfois une image, qui permettait d'orienter la prière vers l'événement qui avait permis à tel ou tel démon d'exercer son emprise. Une fois celui-ci exorcisé, il cédait le terrain, non sans avoir provoqué une sorte de convulsion plus ou moins violente, et la paix revenait quasi instantanément !

Dom Amorth insiste fortement sur ce fait que seul le déroulement de l'exorcisme permet de confirmer le premier discernement (ouvr. cité, p. 59), ce qui ne veut pas dire que l'absence de réaction soit le signe qu'il n'y avait pas lieu de procéder à l'exorcisme : le Démon peut fort bien se dissimuler longuement, comme pour laisser passer l'orage et tromper l'exorciste. A plusieurs reprises, il m'est ainsi arrivé de me laisser abuser et de croire soit que l'exorcisme était achevé, soit qu'il n'y avait pas eu lieu d'y procéder. Mais au bout d'un moment, un petit signe me révélait qu'il n'en était rien et que je devais reprendre la prière. Souvent je découvris alors que le premier exorcisme avait bien chassé tel démon, mais qu'il en demeurait un autre, caché par le premier...

Une remarque capitale enfin. Le discernement n'est pas uniquement un acte de la sagesse humaine qui requerrait seulement une bonne formation doctrinale et psychologique, une grande expérience et des vertus humaines de prudence et de sagesse. Il est aussi, et même d'abord, une démarche spirituelle et comme tel ne peut s'accomplir que dans une attitude d'humilité, de foi et de prière en demandant à l'Esprit saint le don et le charisme de discernement. C'est souvent en ouvrant la Bible que je tombe sur telle ou telle Parole de Dieu qui oriente ou confirme mon discernement. Souvent, lors du discernement ou au début de la prière, je perçois en moi comme un malaise intérieur ou même une sorte de tremblement avec l'impression sensible forte de me trouver réellement devant la présence personnelle du Mauvais ; ou encore, jaillissant de moi, une parole ou un geste inattendus qui vont être décisifs pour la suite. Je les reçois dans la foi et l'action de grâce comme un « charisme » donné à moi pour l'occasion par l'Esprit saint lui-même. Un exorciste bien connu me confia un jour que, lorsqu'il se trouvait réellement en présence du Satan, il le sentait à une odeur toute particulière qui envahissait ses narines.

Comme tout discernement spirituel, le discernement d'une éventuelle action démoniaque relève de l'exercice de la foi. C'est en Dieu seul évidemment que nous croyons, en ce Dieu qui adresse à l'homme sa Parole et qui vient le sauver du Mal, de tout mal. Le contenu de cette Parole (la Révélation) nous affirme en général que derrière tout mal il y a le Malin et nous fournit quelques critères fondamentaux de discernement. L'expérience de l'Église au long des siècles a affiné ces critères et la théologie spirituelle (aidée aujourd'hui par les sciences humaines) fournit aux pasteurs des lumières indispensables. Mais il revient finalement à ceux-ci de porter un regard éclairé par la foi sur chaque cas concret, qu'il s'agisse du discernement d'une vocation ou de la reconnaissance d'une action démoniaque ! Le diagnostic médical du psychiatre ne dira jamais que tel sujet est appelé par Dieu au sacerdoce ou à la vie religieuse... ou qu'il est agressé par un esprit mauvais ! Et il faut un véritable acte de foi pour passer du regard posé par nos yeux sur ce que nous voyons et des conclusions que notre intelligence naturelle peut en tirer à la reconnaissance de l'action invisible de Dieu ou d'un esprit mauvais.

VII

Les exorcismes du Christ et la mission de l'Église

Les exorcismes du Christ

On a vu au chapitre II que Jésus, parlant et agissant avec une autorité qui stupéfiait les foules, a mené tout au long de son ministère un combat victorieux contre Satan et les démons, souvent nommés « esprits impurs ». Cela commence dès sa tentation dans le désert où il se voit « tenté par le Diable » ; celui-ci lui propose (Matthieu 4, 1-11) de prouver sa mission messianique en imitant le don de la manne que Dieu avait fait à Israël dans le désert, puis en se jetant du pinacle du Temple par un prodige spectaculaire qui entraînerait les foules à sa suite (et il cite pour cela, en le pervertissant, la Parole même de Dieu dans le psaume 91), enfin en se prosternant pour l'adorer.

Il ne lui propose que de pâles imitations de la puissance de Dieu, lui qui n'est que « le singe de Dieu » (selon l'expression de plusieurs saints), incapable de comprendre le mystère divin du salut par la Croix. Tout uni à son Père, Jésus démasque ses pièges en se référant à la volonté de Dieu exprimée par les Écritures bien comprises et l'accule à se démasquer lui-même dans la troisième tentation : « Tout cela, je te le donnerai si, te prosternant, tu me rends hommage » ! C'est le piège de l'idolâtrie et du satanisme par lequel le Diable prétend conduire l'homme à le reconnaître lui-même pour Dieu. Jésus répond avec autorité : « "Retire-toi, Satan !" [...] Alors le Diable le quitte. »

Cette première victoire sur le Diable ou Satan va être suivie d'une multitude d'autres sur les « démons » ou « esprits impurs » au bénéfice des « possédés » qui lui sont amenés.

Le récit de la première journée du ministère de Jésus à Capharnaüm commence par évoquer son enseignement à la synagogue donné « avec autorité, et non pas comme les scribes » (Marc 1, 22) et se poursuit, avant même de citer la première guérison, celle de la belle-mère de Simon, en racontant un premier exorcisme (Marc 1, 23-25). L'« esprit impur » connaît qui est Jésus : « Tu es le Saint de Dieu. » « Et Jésus le menaça en disant : "Tais-toi et sors de cet homme." Et le secouant violemment, l'esprit impur cria d'une voix forte et sortit de lui. » La foule ne s'y trompe pas et s'interroge : « Qu'est-ce que cela ? un enseignement nouveau, donné d'autorité ! Même aux esprits impurs il commande et ils lui obéissent ! »

Pour quiconque a procédé à des exorcismes, cet

épisode est d'une actualité saisissante et rappelle les événements successifs qui marquent une prière d'exorcisme : le signe (ici une connaissance plus qu'humaine) qui révèle la présence du démon, la parole d'autorité calme mais souveraine, la violente secousse qui saisit le possédé, le cri que pousse l'esprit impur par la bouche du possédé, et, enfin, la libération immédiate. Dans nos exorcismes, il est rare que cette libération soit aussi rapide, mais, même s'il agit dans la foi et la prière de l'Église, l'exorciste n'est pas le Christ !

L'évangéliste résume la suite des événements en évoquant les nombreuses guérisons de malades et délivrances de possédés opérées ce soir-là par Jésus (Marc 1, 32-34). Soulignons qu'il distingue nettement les unes des autres, contrairement à ce que voudraient nous faire croire certains exégètes. La même remarque vaut pour un autre résumé analogue (Marc 3, 7-12). Il est intéressant de voir ici l'attitude différente des infirmes (« qui se jetaient sur lui pour le toucher » dans une attitude de foi pleine d'espérance) et celle des démoniaques (« qui se jetaient à ses pieds et criaient en disant : "Tu es le Fils de Dieu." Et il leur enjoignait avec force de ne pas le faire connaître ») qui tentent une sorte d'agression apeurée et suppliante à la fois, à laquelle répond la force tranquille de l'ordre donné par le Christ. Ceci rappelle à l'exorciste tous ces premiers instants de la prière où le possédé tente de se dérober à celle-ci (« Non, non, pas ça ! » me criait M. en se débattant quand je commençais le premier signe de croix), voire même d'agresser violemment l'exorciste. Ainsi, un jour, je commençais la prière et celle pour laquelle je priais allait et venait dans la pièce comme un ours en cage ; soudain, elle se retourna et, de l'autre extrémité de la pièce, me lança avec force un énorme cendrier en acier massif qui n'atteignit, heureusement, que ma cheville... Quelques semaines plus tard, la même personne, au même moment de la prière, se saisit d'une grande paire de ciseaux ; la femme qui m'assistait repéra à temps le geste et se saisit de son bras au moment où elle allait la planter entre mes épaules !

Le célèbre épisode du démoniaque gérasénien (5, 1-20) décrit d'abord l'état lamentable de cet homme soulevé par une force surhumaine et errant dans un état de fureur suicidaire dans les montagnes et les cimetières. Violence, meurtre, suicide..., le Mauvais a toujours partie liée avec la mort, dont il est le père. Et quand Jésus lui parle avec autorité : « Sors de cet homme, esprit impur ! », celui-ci répond d'abord à la question posée par le Christ, « Quel est ton nom ? » : « Légion est mon nom, car nous sommes beaucoup », avant de se résoudre à sortir pour s'en aller... dans le troupeau de porcs. C'est par Satan lui-même que Jésus était tenté, mais c'est par tel(s) ou tel(s) démon(s) que le plus souvent les hommes sont attaqués ou possédés. Aussi, il importe que l'exorciste, lors du discernement puis dans le cours de la prière, identifie les démons présents afin de les chasser nommément. C'est ainsi en tout cas que procédait le Rituel du grand exorcisme : « Je te le commande à toi, qui que tu sois, esprit impur, et à tous tes associés qui font le siège de ce serviteur de Dieu [...] dis-moi ton nom, le jour et l'heure de ton départ, avec un signe [...] » (n. 2). Et si le Christ a concédé à la Légion de prendre possession du troupeau de porcs (un animal impur, impropre à la consommation aux yeux de la Loi juive), l'exorciste prend soin de commander aux esprits impurs de se retirer de toute « l'Église de Dieu » et de retourner « dans le feu éternel préparé pour le Diable et pour ses anges » (n. 4).

Marc évoque ensuite (7, 24-30) la délivrance (et non pas la guérison, comme voudrait le faire croire le titre mis à l'épisode dans la Bible de Jérusalem) d'une petite fille en réponse à la supplication insistante et pleine de foi de sa mère, « une femme grecque, syro-phénicienne de naissance ». La prière d'exorcisme n'est donc pas destinée à la libération des seuls Juifs ou des disciples du Christ ; c'est la multitude des hommes, et donc aussi des païens, que le Christ est venu sauver. C'est un des signes que l'Église a à donner aux païens en terres de mission et en cette terre de mission (et de « nouvelle évangélisation ») qu'est le monde d'aujourd'hui tout entier.

Enfin, Marc raconte longuement la délivrance du démoniaque appelé aujourd'hui « épileptique » (9, 14-29). En effet la description du verset 17 ressemble fort à celle d'une classique crise d'épilepsie, mais l'enfant est de plus sourd et muet et Jésus ne procède pas comme pour une guérison mais il commande à l'esprit impur en le nommant : « Esprit muet et sourd, je te l'ordonne, sors de lui et n'y rentre plus ! » Le discernement infaillible de Jésus, contrairement à celui des exorcistes humains, ne s'y trompe pas et, par-derrière les symptômes d'une maladie, sait reconnaître la cause véritable invisible. Jésus ajoute : « et n'y rentre plus », ce que fait avec prudence tout exorciste expérimenté, averti qu'il est par Jésus lui-même que l'Adversaire chassé par la porte risque bien de tenter de rentrer par la fenêtre dans un assaut plus dangereux encore que le premier (Matthieu 12, 43-45) ! Ce qui entraîne comme conséquence l'exigence pour le possédé délivré d'accomplir une véritable conversion de cœur et de vie afin de bien fermer la porte aux retours offensifs de l'Ennemi. En d'autres termes, tout exorcisme suppose une collaboration étroite et croissante (au fur et à mesure que l'on avance dans la prière et après celle-ci) entre le ministre de l'Église et l'homme à délivrer. Dès qu'il en est rendu capable, celui-ci doit non seulement accueillir avec foi la prière mais y participer activement ; il lui faut renouveler sa profession de foi baptismale (« Je renonce à Satan, à son culte et à ses œuvres de péché ») en renonçant par là très concrètement à tout ce qui, dans sa vie, a été porte ouverte au Malin ou connivence avec celui-ci : attachement délibéré à tel péché, recours à telle pratique occulte, allégeance satanique... Il lui faudra encore s'engager dans une vie chrétienne renouvelée (« et je m'attache à Jésus-Christ pour toujours »), nourrie par la prière et les sacrements. En d'autres termes, l'exorciste ne peut renvoyer purement et simplement l'homme délivré, mais doit pourvoir à un « suivi spirituel » en l'aiguillant vers une communauté chrétienne et un accompagnateur spirituel susceptibles de l'accueillir et de le soutenir. Faut-il préciser qu'il est aujourd'hui bien difficile de trouver de tels accompagnateurs ?

Secoué violemment par l'esprit impur, « l'enfant devint comme mort » (Marc 9, 26). « Mais Jésus, le prenant par la main, le releva et il se tint debout. » Cette mort apparente du possédé délivré n'est pas rare ; le père Mathieu dans la cassette déjà citée en rapporte un exemple frappant et j'en ai aussi connu un cas. Jésus intervient comme pour ranimer et guérir l'enfant. Et là encore, l'exorciste sait qu'une prière de guérison et l'invocation à l'Esprit Saint qui donne vie sont le plus souvent nécessaires pour que l'homme délivré puisse retrouver une vie normale et même plus épanouie humainement et spirituellement qu'auparavant.

Une dernière remarque sur cet épisode si riche d'enseignements : les disciples avaient échoué lors d'une première tentative... « Cette espèce-là ne peut sortir que par la prière », répond Jésus (Marc 9, 29) après leur avoir reproché leur incrédulité (9, 19) ; Matthieu, qui résume l'épisode, rapporte (en insistant) le même reproche : « Engeance incrédule et pervertie [...] Parce que vous avez peu de foi » (Matthieu 17, 17 et 20). Œuvre de la seule autorité divine, la délivrance des possédés ne peut s'accomplir que dans l'humilité, la foi de l'Église et la prière. Dans le Rituel romain, toute objurgation à Satan est précédée d'une oraison, c'est-à-dire d'une prière qui demande à Dieu d'intervenir ; toute parole d'autorité face à l'Adversaire se fait « Au nom du Père et du Fils et du Saint-Esprit » et s'accompagne du signe de la Croix victorieuse ; et tout l'ensemble est préparé et suivi par la prière des psaumes et par la lecture de la Parole de Dieu. Mais de quelle « foi » s'agit-il ? Si l'exorciste qui utilise le Rituel, c'est-à-dire la prière même de l'Église, peut à la rigueur se contenter de la vertu théologale de foi (je crois et je fais ce que veut l'Église dont je suis le ministre), celui qui fait, sans autorité déléguée par l'Église, une simple « prière de délivrance » doit engager sa foi beaucoup plus fortement et personnellement et a besoin pour cela d'un secours particulier de l'Esprit saint (comme certains saints l'ont eu, entre autres saint Benoît et sainte Geneviève). Pour quiconque ne serait pas de façon habituelle animé de ce don de l'Esprit saint, un « charisme de foi » est au moins nécessaire, de cette foi à « transporter les montagnes » dont parlent Jésus à ses disciples (Matthieu 17, 20) ou Paul aux Corinthiens (1 Cor 12, 4-11). Ce charisme est donné ponctuellement par l'Esprit saint, à celui qui le demande dans la prière et l'accueille dans la foi, pour le service de ses frères, sans présumer de sa sainteté personnelle, comme et quand Dieu le veut dans la sagesse de sa grâce.

La mission conférée aux disciples

Après avoir raconté les prodiges accomplis par Jésus au début de son ministère, Marc place l'appel des Douze :

> ... et il appelle à lui ceux qu'ils voulait. Ils vinrent à lui et il en institua Douze pour être ses compagnons et pour les envoyer prêcher, avec *pouvoir* de chasser les démons (3, 13-15).

Cette première définition de l'apôtre est frappante par la place qu'elle accorde à sa mission d'exorciste, alors que le pouvoir de guérir les malades n'est même pas mentionné ! Elle devrait faire réfléchir les exégètes, les théologiens et toute l'Église à l'importance que Jésus donne à ce ministère et à la nature essentielle du « pouvoir » (n'ayons pas peur du mot) que Jésus partage avec ses apôtres ! Les scribes eux ne s'y trompent pas et centrent sur ce point leurs premières attaques contre Jésus : « C'est par le Prince des démons qu'il expulse les démons » (3, 22).

Un peu plus tard, Jésus envoie les mêmes Douze en mission deux par deux, « en leur donnant pouvoir sur les esprits impurs » (Marc 6, 7) et Marc conclut ainsi ce petit épisode :

> Étant partis ils prêchèrent qu'on se repentît ; et ils chassaient beaucoup de démons et faisaient des onctions d'huile à de nombreux infirmes et les guérissaient (6, 12-13).

La mission des apôtres durant le ministère de Jésus est donc claire :
— prêcher
— et donner les signes du Royaume déjà là
— en délivrant les possédés
— et en guérissant les malades,
comme le faisait Jésus lui-même.

Ce qui valait pour les Douze en ce temps-là ne vaudrait-il plus pour l'Église d'aujourd'hui ? Bien au contraire et c'est ce que souligne le même saint Marc en rapportant les dernières paroles de Jésus avant son Ascension :

> Allez dans le monde entier, proclamez l'Évangile à toute la création. Celui qui croira et sera baptisé sera sauvé ; celui qui aura refusé de croire sera condamné.
> Et voici les *signes* qui accompagneront *ceux qui auront cru* :
> *En mon Nom*
> - ils chasseront les démons,
> - ils parleront en langues,
> - ils saisiront des serpents,
> - et s'ils boivent quelque poison mortel, il ne leur fera pas de mal,
> - ils imposeront les mains aux malades et ceux-ci seront guéris.
> [...]

> **Pour eux, ils s'en allèrent prêcher en tout lieu, le Seigneur agissant avec eux et confirmant la Parole par les signes qui l'accompagnaient (Marc 16, 15-20).**

Chaque mot est à peser en ces versets qui font partie des quelques textes scripturaires à proclamer dans le Rituel de l'exorcisme (n. 3). Le « parler en langues » rappelle le miracle de la Pentecôte ; la mention des serpents rappelle la lutte contre l'idolâtrie : le serpent est, aux yeux des peuples de l'ancien Orient comme des Grecs, une divinité prise dans le récit de la Genèse (3, 1) comme le symbole même du Satan tentateur que Jésus est venu démasquer et vaincre ; la confection des poisons mortels est, alors comme en tout temps, une spécialité des magiciens. A la suite de toute la tradition juive (confirmée par l'expérience des exorcistes d'aujourd'hui... quand ils ne sont pas prisonniers de l'emprise réductrice des sciences humaines et se contentent de s'en servir en se référant d'abord à la Tradition de l'Église), Jésus et les premiers chrétiens lient donc étroitement Satan, les cultes païens et la magie ; dans ces trois cas, il s'agit d'un même combat pour la délivrance (c'est-à-dire le salut) de toute l'humanité et pour la vie (c'est-à-dire l'accès au Royaume de Dieu) symbolisée par la guérison des malades.

Il importe enfin de souligner que, si la mission d'enseigner et de donner les signes que l'on dirait aujourd'hui « sacramentels » du salut (ici le baptême) est conférée aux Onze, le pouvoir de poser les signes prodigieux qui manifestent ce salut est donné « à ceux qui auront cru », c'est-à-dire à toute l'Église. Il n'est pas un privilège réservé à ceux qui exercent au nom du Christ l'autorité dans l'Église (même si ceux-ci gardent la mission propre d'en discerner l'exercice afin que tout se passe « dans l'ordre », comme le fait saint Paul dans la première Épître aux Corinthiens), mais relève de l'exercice commun de la foi, de ce charisme de foi dont il a déjà été question. C'est bien ce qui a toujours été vécu par l'Église et dont témoignent les guérisons et délivrances attribuées à une multitude de saints qui n'étaient ni évêques ni prêtres. On s'en souviendra quand on parlera au chapitre suivant de la « prière de délivrance » redécouverte aujourd'hui dans le Renouveau charismatique.

La pratique de l'Église primitive selon le livre des Actes des apôtres

Si la prédication des apôtres, l'expansion de l'Église et le développement de la vie communautaire constituent l'essentiel du récit de Luc dans les Actes des apôtres, cela ne veut pas dire que les « signes » en sont absents. En un tableau d'ensemble analogue à ceux que l'on trouve dans l'Évangile l'auteur écrit :

> Par les mains des apôtres il se faisait de nom-

> breux signes et prodiges parmi le peuple [...] à tel point qu'on allait jusqu'à transporter les malades dans les rues et les déposer là sur des lits et des grabats, afin que tout au moins l'ombre de Pierre, à son passage, couvrît l'un d'eux. La multitude accourait [...], apportant
> des malades
> et des gens possédés par un esprit impur,
> et tous étaient guéris (5, 12-16).

Le diacre Philippe (il ne fait pas partie des Onze !), dans son ministère en Samarie, accompagne son enseignement des mêmes signes qu'accomplissaient les apôtres, ce qui comble de joie toute la ville (8, 4-8).

Mais le plus intéressant est le récit d'un certain nombre de ces événements qui ne s'inventent pas et reflètent bien le climat dans lequel l'Église s'acquitte de sa mission de prédication et de lutte contre Satan et ses esprits impurs.

C'est d'abord l'épisode de Simon « qui exerçait la magie et jetait le peuple de Samarie dans l'émerveillement. Il se disait quelqu'un de grand, et tous, du plus petit au plus grand, s'attachaient à lui. Cet homme, disait-on, est la Puissance de Dieu, celle qu'on appelle la Grande [...] il les tenait émerveillés par ses sortilèges. » (8, 9-11.) La magie et ses sortilèges, la prétention orgueilleuse d'être quelqu'un de grand, la référence à cette mystérieuse « Puissance de Dieu, celle qu'on appelle la Grande », tout nous renvoie, dans la mentalité du temps comme dans les milieux contemporains, à la magie, au pouvoir de l'Adversaire qui veut s'égaler à Dieu et se faire reconnaître pour tel ! Se sentant surpassé par le pouvoir qu'exercent les apôtres, Simon propose à ceux-ci de leur acheter à prix d'argent le don de l'Esprit Saint ! Aucun exorcisme ne sera fait, cette fois, car Simon ne semble pas dans une attitude intérieure qui lui permette de l'accueillir, mais il est vigoureusement invité par Pierre à la conversion.

A Chypre, un autre magicien, Élymas, s'oppose à la prédication de Paul. Celui-ci l'apostrophe vigoureusement en des termes qui ne laissent aucun doute sur le lien que fait l'apôtre entre la magie, l'opposition à l'Évangile et l'action du Diable :

> Être rempli de toutes les astuces
> et de toutes les scélératesses,
> Fils du Diable,
> ennemi de toute justice,
> ne cesseras-tu donc pas de rendre tortueuses les voies du Seigneur
> qui sont droites ? (13, 10).

Là encore pas d'exorcisme, et pour la même raison, mais un châtiment exemplaire qui manifeste à tous la victoire du Christ qui s'impose aux pouvoirs limités de l'Adversaire : Élymas devient aveugle « pour un temps ». Le châtiment n'est donc pas une condamnation mais une ferme invitation à la conversion afin que le magicien reconnaisse que Dieu seul est le Tout-Puissant...

Savoureux est un autre épisode au cours duquel Paul rencontre « une esclave qui avait un esprit divinateur ; elle faisait gagner beaucoup d'argent à ses maîtres en rendant des oracles » et, comme certains possédés dans l'Évangile, elle avait reconnu : « Ces gens-là sont des serviteurs du Dieu Très Haut ; ils vous annoncent la voie du salut. » Elle n'est qu'une victime et son cœur semble droit à Paul qui accomplit cette fois l'exorcisme :

> "Je t'ordonne au nom de Jésus-Christ de sortir de cette femme !" Et l'esprit sortit à l'instant même (16, 16-18),

à la grande fureur du maître de l'esclave, dépossédé d'une fructueuse source de revenus !

A Éphèse, enfin, il est raconté que « Dieu opérait par les mains de Paul des miracles peu banals, à tel point qu'il suffisait d'appliquer sur les malades des mouchoirs ou des linges qui avaient touché son corps : alors les maladies les quittaient et les esprits mauvais s en allaient » (19, 11-12). C'est Dieu qui opère les miracles et Paul n'est que son instrument, ce qui ne laisse place à aucun orgueil ou à aucune volonté de puissance de la part de celui qui n'est que serviteur et instrument ; l'exorciste ne doit jamais oublier cela ! Cet épisode est utilisé par certains exégètes pour appuyer leur thèse selon laquelle il ne s'agirait dans les exorcismes que d'une forme de guérison, la référence aux esprits mauvais n'étant qu'une manière de parler selon la mentalité du temps. Mais la formulation effectivement ambiguë en ce passage (et en quelques autres) ne saurait effacer l'ensemble de la doctrine telle qu'elle est enseignée et mise en pratique dans tout le reste du Nouveau Testament. Ç'est une règle universelle d'interprétation des textes : un passage difficile est à interpréter en le replaçant dans son contexte, et non l'inverse.

Suit l'épisode savoureux de ces exorcistes juifs qui s'essaient à « prononcer [...] le nom du Seigneur Jésus sur ceux qui avaient des esprits mauvais » et se trouvent ridiculisés par ceux-ci (19, 13-17). Le Nom de Jésus n'est pas une quelconque formule magique qu'il suffirait de prononcer pour chasser les esprits mauvais. C'est dans la foi et la prière de l'Église seulement qu'il peut être invoqué et que Dieu accomplit l'œuvre de salut dont il a seul la puissance !

Le récit s'achève par un gigantesque autodafé des livres de magie apportés par les nouveaux convertis venus « faire leurs aveux et dévoiler leurs pratiques [...]. On en estima la valeur : cela faisait cinquante mille pièces d'argent ! » (19, 18-19.) On voit bien là l'importance des pratiques magiques auxquels les Éphésiens avaient recours, l'incompatibilité de celles-ci avec la foi chrétienne et le lien établi par les apôtres entre elles et les esprits mauvais. Aujourd'hui comme alors, il est toujours aussi nécessaire à celui qui veut être délivré de la puissance d'esprits mauvais de se séparer (en les détruisant) de tous livres et objets liés à ses pratiques antérieures de magie et d'occultisme. Quoi qu'il en soit d'éventuelles influences maléfiques qui pourraient continuer de s'exercer à travers ces objets... c'est en tout cas le signe nécessaire d'une vraie conversion et d'une rupture totale avec les péchés anciens.

En conclusion, on peut affirmer que la pratique de l'Église primitive est, en matière de lutte contre la magie et les esprits mauvais, en continuité directe avec celle du Christ ; elle constitue pour l'exorciste contemporain une source précieuse à laquelle il lui faut toujours puiser dans l'exercice de son ministère. On pourrait aisément tirer du livre des Actes le contenu essentiel d'un « petit guide pratique de l'exorciste » !

VIII

Exorcisme et prière de délivrance

Le ministère d'exorciste dans l'histoire

Dans l'article « exorcisme » du *Dictionnaire de Spiritualité*, le cardinal Daniélou rappelle que « le pouvoir de chasser les démons par un rite d'imposition des mains accompagné de l'invocation du Nom de Yahvé est attesté par le judaïsme contemporain des origines chrétiennes et reconnu comme authentique par la Tradition » (colonne 1995). La formule utilisée par les exorcistes juifs semble avoir été le plus souvent : « Par le Dieu d'Abraham, d'Isaac et de Jacob... », accompagnée d'une lecture de l'Écriture.

Pendant deux ou trois siècles au moins, dans les communautés chrétiennes, cette pratique de l'exorcisme demeure courante avec l'invocation du nom de « Jésus Christ crucifié sous Ponce Pilate ». Au IIIe siècle, en Afrique, Tertullien déclare dans son *Apologétique* :

> Qu'on produise à l'instant ici, devant votre tribunal, un homme qui soit reconnu pour être possédé du Démon, si *un chrétien quelconque* ordonne à cet esprit de parler, celui-ci confirmera qu'il est un démon [...] Au seul contact de nos mains, au moindre souffle de notre bouche [...] ils sortent du corps des hommes (colonne 1998).

Ces exorcismes sont faits aussi bien sur les Juifs ou les païens que sur les chrétiens, aussi bien sur les personnes que sur des animaux, des choses ou des lieux, comme le montre Origène à Alexandrie. Il s'agit encore au IIIe siècle d'un don (ou charisme) reconnu à certains chrétiens, même si on commence à en réglementer l'usage.

C'est à Rome au IVe siècle que ce ministère, jusqu'ici entièrement charismatique, devient un ministère institué conféré par une véritable « ordination » qui consiste en la remise officielle d'un « livre des exorcismes ». De la même manière, il y a une ordination des « portiers », des « lecteurs » et des « acolytes ». Une lettre du pape Corneille en 251 nous apprend qu'il y a alors dans la seule ville de Rome cinquante-deux exorcistes !

A partir du VIIIe siècle, en Gaule d'abord puis à Rome, ces quatre « ordres mineurs » deviennent peu à peu un véritable cursus hiérarchique qu'il faut parcourir avant d'accéder au sous-diaconat puis au diaconat et à la prêtrise.

Abus nécessitant une réglementation plus stricte ou reflet d'une raréfaction progressive de la pratique des exorcismes ? le fait est que peu à peu, à partir du haut Moyen Age, interdiction sera faite aux exorcistes d'exercer le ministère qui leur a pourtant été conféré. Celui-ci sera réservé à des prêtres expressément délégués par l'évêque, chaque évêque ayant l'obligation de nommer dans son diocèse un prêtre exorciste. C'est la règle décrétée par le Rituel romain de Paul V en 1614, étendue à toute l'Église en 1744 et reprise par le nouveau Code de droit canonique :

> Personne ne peut légitimement prononcer des exorcismes sur les possédés, à moins d'avoir obtenu de l'ordinaire du lieu une permission particulière et expresse (Canon 1, 172).

La récente réforme a transformé les anciens ordres mineurs en « ministères laïcs » et ne mentionne plus celui d'exorciste, tout en spécifiant que les évêques peuvent en demander la restauration selon les besoins locaux qu'il leur appartient de discerner.

La prière d'exorcisme : le Rituel romain

Après un premier chapitre de « Normes à observer »,... et à méditer attentivement, le Rituel romain de Pie XII, qui remonte pour l'essentiel au rituel de Paul V, en 1614, et n'a pas encore été remplacé jusqu'ici, entame dans son chapitre II la description du « Grand Exorcisme ».

L'exorciste a dû préalablement se préparer soigneusement par la prière, le sacrement de pénitence et la célébration de la sainte messe et se revêtir du surplis et de l'étole. Il commence par se signer, lui et ceux qui l'assistent, par le signe de la Croix, procéder à l'aspersion d'eau bénite et réciter à genoux les grandes litanies des saints qui s'achèvent par deux oraisons dont voici la conclusion très révélatrice du sens de l'exorcisme :

> « Que ta Main puissante contraigne [le démon] à se retirer de ce serviteur de Dieu afin qu'il ne puisse retenir captif plus longtemps celui que tu as fait à ton image et racheté en ton Fils » (n. 1).

Puis est faite une première admonestation au démon, lui enjoignant au nom des mystères de la foi de dire avec quelque signe son nom et les jour et heure de son départ, d'avoir à obéir et enfin de ne causer aucun tort à toutes les personnes présentes ni à leurs biens (n . 2).

Suit la lecture de la Parole de Dieu (quatre textes de l'Évangile sont proposés dont le prologue du quatrième Évangile et la finale de Marc), achevée par une nouvelle oraison qui demande pour l'exorciste les grâces dont il a besoin pour exercer son ministère avec puissance et en toute sécurité (n. 3).

Vient alors le moment essentiel de la prière : après s'être signé, l'exorciste impose le signe de la Croix sur le possédé, pose sur son cou l'extrémité de l'étole (celle-ci est liturgiquement le signe de l'autorité conférée par l'Église à son ministre) et lui impose les mains avant de prononcer trois longs et vigoureux exorcismes (formules « imprécatives » qui ordonnent au démon...), chacun d'entre eux étant précédé d'une oraison demandant à Dieu de repousser l'Adversaire (on les appelle ordinairement, à tort, des exorcisme « déprécatifs »). Selon mon expérience, c'est le plus souvent à la fin du troisième exorcisme que celui-ci réagit le plus vigoureusement et se trouve contraint à céder du terrain :

> Retire-toi donc *maintenant*, retire-toi, séducteur ! Ta demeure c'est le désert, ton habitation c'est le serpent : sois abaissé et prosterne-toi. Ce n'est plus le moment de temporiser. Car voici que s'approche le Seigneur qui te domine et le feu va brûler en avant de Lui, il Le précédera et embrasera ses ennemis alentour. Car si tu as pu tromper un homme, tu ne pourras te rire de Dieu. Il te rejette, Celui aux yeux duquel rien n'est caché ; Il te repousse, Celui à la puissance de qui tout est soumis ; Il te chasse, Celui qui a préparé le feu éternel pour toi et pour tes anges et de la bouche duquel sortira un glaive acéré, Lui qui viendra juger par le feu les vivants et les morts et tous les siècles. Amen (n. 4).

Le numéro 5 du Rituel romain prévoit que ces exorcismes peuvent être répétés, si besoin est, jusqu'à ce que la libération totale du possédé soit enfin obtenue.

Le Rituel invite enfin l'exorciste à prolonger la

prière en y associant le possédé libéré, qui a grand besoin de cette aide, avec les grandes prières de l'Église (Pater, Ave, Credo, Magnificat, Benedictus) et la récitation des psaumes (dix d'entre eux sont indiqués...), avant de conclure par une dernière oraison :

> Nous t'en prions, Dieu Tout-Puissant, fais que l'esprit d'iniquité n'ait plus de pouvoir sur ce serviteur de Dieu, mais qu'au contraire il s'enfuie et ne revienne plus. Qu'entrent en lui, Seigneur, sur ton ordre la Bonté et la Paix de Notre-Seigneur Jésus-Christ par lequel nous avons été rachetés ; et fais que nous n'ayons plus à craindre aucun mal car le Seigneur est avec nous (n. 6).

Une prière à réformer ?

Il est de bon ton aujourd'hui dans les milieux ecclésiastiques, et même pour la majorité des exorcistes, de critiquer ce rituel et d'en demander une réforme profonde dont l'élément essentiel serait l'élimination des formules « imprécatives » (qui constituent seules des exorcismes à proprement parler et qui sont celles qu'employaient le Christ et les apôtres) au bénéfice des formules « déprécatives ».

On reproche à ces formules de s'adresser au Diable comme à une personne située en vis-à-vis : mais n'est-ce pas précisément le cas ? Ou encore on souligne le risque, en s'adressant à une personne autre que celle à laquelle on parle (« Retire-toi, Satan ! ») d'accentuer une dissociation psychologique latente en dé-possédant la personne de son réel : le risque certes peut exister et il importe d'y prendre garde ; cependant, ce n'est pas au possédé que l'on s'adresse en parlant ainsi, mais à l'Adversaire qui habite en lui et tente de le dé-posséder de lui-même, et je peux garantir par expérience que ni le possédé ni l'Adversaire ne s'y trompent ; c'est au contraire, avant même toute libération (et combien plus après !), un grand soulagement pour lui que de savoir que ce n'est pas de lui-même que jaillissent ces pensées, ces impulsions et ces actes qui lui font horreur à juste titre ! Déjà la réforme récente des autres parties du Rituel a quasi éliminé ces formules imprécatives (que je préférerais nommer « impératives », car, comme le Christ, l'Église ne s'adresse pas au Démon en le « priant » poliment de bien vouloir s'en aller ; elle lui commande avec force et autorité !), notamment dans la célébration du baptême et la bénédiction de l'eau.

Je me permets de le regretter et de redouter que cette tendance ne l'emporte une fois encore. Car c'est une chose de dépoussiérer un texte ancien pour le rendre compréhensible aujourd'hui (c'est ce qu'a opéré avec bonheur la réforme postconciliaire avec la liturgie eucharistique) et une autre de le dénaturer en le privant de ce qui en est l'essentiel : l'exercice de l'autorité de l'Église qui, comme et avec le Christ, commande avec autorité et puissance à l'Adversaire de se retirer. Atténuer les formules de ces objurgations traditionnelles, ce serait céder à la pression rationaliste et psychologisante de ceux qui, professant leur foi théorique à l'existence de Satan, refusent en pratique de le considérer comme une présence personnelle et agissante, et ce serait laisser place à leurs interprétations minimisantes. C'est précisément parce qu'elles considèrent sans ambiguïté Satan comme une personne que ces formules ont à être conservées précieusement. Ce n'est pas en un autre sens que Jésus et les apôtres les employaient.

On reproche encore au rituel actuel d'user d'un langage incompréhensible aujourd'hui ? Certes il multiplie des allusions et des symboles bibliques qui n'évoquent rien à la plupart de nos contemporains. Mais la faute à qui ? Aux carences de la culture (et de la catéchèse) contemporaine ou à la foi de l'Église ? On pourrait faire (et beaucoup de pasteurs le font) le même reproche à la réforme de la messe qui a réintroduit massivement et heureusement la lecture de l'Ancien Testament dans la liturgie quotidienne et eucharistique...

On lui reproche aussi d'être trop long et répétitif. C'est effectivement une liturgie (et non un bref formulaire à réciter magiquement !) qui se déploie longuement mais non sans une progression et une cohésion où tout a son sens et sa nécessité. Je l'ai souvent expérimenté et seuls ceux qui n'ont pas mené ce long et éprouvant combat qu'est souvent un exorcisme se plaindront de la richesse et de la longueur du rituel actuel.

Une dernière mise en garde provient des psychiatres et il convient d'y être tout particulièrement attentif. Leur expérience des maladies mentales leur fait redouter que la pratique même d'un exorcisme ne vienne susciter chez des personnes fragiles une sorte de délire mystique à l'envers, susceptible de leur faire croire à une intervention diabolique alors qu'il n'y avait au point de départ qu'un dérèglement psychique. Le risque n'est pas illusoire et l'histoire comme l'expérience clinique pourraient en fournir des exemples. C'est pourquoi les conseils d'un psychiatre lors d'un discernement, voire son assistance lors d'un exorcisme, peuvent être utiles, et même nécessaires dans certains cas. Mais prudence ne signifie pas abstention systématique, si l'on a par ailleurs des signes suffisamment clairs. Je pense par exemple à cet homme profondément engagé dans une secte sataniste et qui s'efforçait de se dégager des errements de sa vie antérieure. Ce combat dura de longues années avec l'aide de trois exorcistes successifs. L'un des soutiens les plus forts auxquels il recourait était l'audition, à domicile comme en voiture, de chants monastiques. Si les moines de l'abbaye cistercienne de Tamié savaient quel fruit de grâce parvint à cet homme à travers leur prière aussi longuement écoutée ! Or, tout au long de ce temps, dès qu'il mettait ces cassettes, aussi bien sur sa chaîne hi-fi que sur son autoradio, soit les appareils tombaient en panne (sans aucune explication possible, selon le diagnostic des techniciens auxquels ils étaient envoyés pour réparation... alors même qu'ils étaient neufs), soit la bande de la cassette se cassait. Aucun problème de ce type n'arrivait avec des cassetttes de chant profane ou de musique classique, mais il suffisait qu'il remette ces casettes religieuses pour que le phénomène se reproduise ! J'en fus personnellement le témoin à plusieurs reprises et je me souviens de l'ébahissement d'un évêque qui fut à même un jour de vérifier la chose ! Or, cela ne se reproduisit plus à partir du moment où, après de multiples exorcismes et un long chemin spirituel, cet homme eut rompu définitivement avec ses attaches passées...

Il reste enfin que ce rituel est adapté aux cas de possession au sens strict et qu'il faudrait proposer des formes plus souples adaptées aux autres cas pour lesquels la prière de l'Église est nécessaire mais qui ne requièrent pas une liturgie aussi longue et dramatique.

Faut-il ajouter que si cette véritable liturgie était autrefois célébrée publiquement, l'expérience et les mises en garde des psychiatres exigent aujourd'hui pour procéder à un exorcisme une prudente discrétion afin d'éviter un effet malsain de contagion toujours à redouter. Le célèbre père Surin lui-même, au XVIIe siècle, était parvenu à cette conclusion après les regrettables événements des « possédées de Loudun ». En revanche, la même prudence exige que le prêtre exorciste ne procède pas seul mais soit assisté d'au moins une ou deux personnes sages (prêtre, médecin, etc.) et d'une femme si l'exorcisé est une femme.

La prière du chrétien dans le combat spirituel

En ce qui concerne le combat spirituel auquel tout homme est confronté (la tentation, les vexations légères et passagères), saint Paul donne aux Éphésiens les indications essentielles : « Revêtez l'armure de Dieu pour pouvoir résister aux manœuvres du Diable » :

> – « la Vérité », « la Justice » ;
> – « le Zèle à propager l'Évangile de la paix » ;
> – « la Foi » et « le glaive de l'Esprit, c'est-à-dire la Parole de Dieu » ;

mais surtout :

> « Vivez dans la prière et les supplications ; priez en tout temps, dans l'Esprit » (Éphésiens 6, 11-18).

Bref, il faut prier, et de toutes les manières : la récitation du « Notre Père » (« Mais délivre-nous du Mal »), la prière individuelle nourrie de la Parole de Dieu, l'intercession demandée aux frères et aux saints du ciel (saint Benoît, sainte Geneviève, entre autres), la vie sacramentelle et par-dessus tout le sacrement de la réconciliation (qui ferme au Malin les portes de notre cœur ouvertes par le péché) et l'Eucharistie ; la méditation du rosaire et l'invocation à Marie qui par sa foi et son humilité a écrasé sous ses pieds la tête du Serpent (« Ô Marie conçue sans péché, priez pour nous qui avons recours à vous ») accompagnée éventuellement du port de la Médaille miraculeuse de la rue du Bac, la prière à nos anges gardiens et à saint Michel Archange (celle en particulier écrite par le pape Léon XIII et autrefois récitée à l'issue de chaque messe), le recours à l'eau bénite... sans oublier l'assistance d'un bon et sage guide spirituel (l'expérience des moines du désert nous enseigne que le Diable perd toutes ses forces quand nous dévoilons nos tentations secrètes ; c'est ce qu'ils appelaient « l'ouverture du cœur », et l'accueil de cette ouverture était le premier rôle que jouait auprès des moines leur abbé, c'est-à-dire leur « père spirituel »).

Le petit exorcisme de Léon XIII

Mais il se peut que l'action du Mauvais soit plus profonde et résiste à ces premières armes. C'est à cet effet que le pape Léon XIII avait composé son « petit exorcisme contre Satan et les anges révoltés » qu'il récitait souvent lui-même et recommandait aux évêques et aux prêtres (le rituel de Pie XII précise : « aux prêtres qui en ont reçu le pouvoir de leur Ordinaire* »). Une traduction française en a été longtemps et largement divulguée, avec l'imprimatur de l'évêque de Montpellier donnée en 1934, accompagnée d'une note précisant qu'elle peut être récitée « par les simples fidèles ». Un document de la Sacrée Congrégation pour la Doctrine de la foi daté du 29 septembre 1985 indique en revanche que la récitation en est interdite « aux fidèles »,... ce qui, semble-t-il, permet aux prêtres de l'utiliser même sans autorisation expresse.

Les prières de délivrance

Enfin, le développement du Renouveau charismatique depuis vingt-cinq ans a permis la redécouverte et le développement de ce que l'on appelle « la prière de délivrance », qui se pratique couramment dans les assemblées des chrétiens « évangéliques* ». Il s'agissait au début d'un petit groupe de personnes soigneusement sélectionnées qui, en présence le plus souvent d'un prêtre, accueillait dans la compassion et la prière un frère en difficulté. Si, après un temps d'écoute et de prière, l'action d'un esprit mauvais était discernée, la prière se poursuivait, de préférence en présence du saint sacrement, demandant à Dieu de « délivrer » la personne, ordonnant éventuellement à l'esprit mauvais de quitter les lieux et « coupant les liens » qu'il avait pu tisser en elle. Ces prières portèrent souvent un fruit de grâce mais ouvrirent en même temps la porte à des abus dangereux qui conduisirent la Sacrée Congrégation, dans la lettre déjà citée du 29 septembre 1985, à y mettre un coup d'arrêt en demandant de veiller à ce que, « même dans des cas qui, bien qu'ils excluent une véritable possession diabolique, semblent cependant révéler une certaine influence diabolique, ceux qui n'ont pas [reçu] le *pouvoir nécessaire ne dirigent pas des réunions* dans lesquelles on fait usage de *prières pour obtenir la délivrance*, au cours desquelles les démons sont *directement interpellés* et où l'on cherche *à connaître leur nom*[1] ».

Comme toujours, ce texte est à interpréter au sens strict, ce qui veut dire que :

— l'évêque, s'il le juge bon, peut donner le pouvoir nécessaire à la tenue de telles réunions,

— de simples laïcs peuvent assister la personne « autorisée », à condition de ne pas diriger la réunion,

— la prière de délivrance n'est interdite que s'il s'agit d'une réunion (ce qui semble laisser toute latitude au prêtre dans son ministère en tête à tête avec une personne, voire même à un laïc dans sa prière privée),

— et si, dans le cours de cette réunion, on interpelle directement le démon soit pour le chasser, soit pour le contraindre à dire son nom, ce qui est le propre de l'exorcisme au sens strict.

Rien dans le texte ne semble donc interdire une

1. *La Documentation catholique*, n° 1912, 16 février 1986.

réunion dans laquelle on se contenterait de prier pour l'intéressé en demandant à Dieu de le délivrer d'une emprise démoniaque reconnue dans un discernement prudent, à condition de s'abstenir de toute prière « imprécative ».

Il faut bien reconnaître avec le cardinal Suenens[1] que la situation actuelle n'est pas très claire : « La prière de délivrance du démon exercée sans mandat et au moyen d'exorcismes directs pose le problème des limites de compétence qu'il convient de définir et de préciser. A première vue, la ligne de démarcation semble claire : les exorcismes sont réservés exclusivement à l'évêque ou à son délégué en cas de possession diabolique présumée ; les autres cas constituent un domaine libre non réglementé et donc accessible à tous [...] tout ce qui ne relève pas de la possession diabolique proprement dite constitue un domaine aux frontières mal définies où règnent la confusion et l'ambiguïté » (p. 95). Trois ans après, la lettre de la Sacrée Congrégation devait poser des limites disciplinaires utiles mais sans guère clarifier le fond du problème.

Sacramental et prière privée.

Dom Amorth apporte cette clarification qui semble évidente et féconde en conséquences :

1. *Renouveau charismatique et Puissance des ténèbres*, *cf.* bibliographie.

> « L'exorcisme à proprement parler, c'est-à-dire celui réservé à l'évêque ou à un de ses délégués, constitue un sacramental fondé sur l'intercession de l'Église » [et analogue à l'ensemble des bénédictions contenues dans le Rituel, les unes étant réservées à l'évêque ou à tel prêtre délégué spécialement, les autres pouvant être utilisées par tout prêtre, voire pour certaines d'entre elles par un diacre], et [...] toutes les autres formes d'exorcisme [c'est-à-dire celles qui n'utilisent pas le Rituel] constituent en fait des prières privées, même si elles sont récitées en groupe (ouvr. cité, pp. 229-230).

Prière de l'Église, « liturgie », l'exorcisme relève donc naturellement de la réglementation de l'Église hiérarchique, gardienne de la foi et de la liturgie ; prière privée, la simple prière de délivrance (qui n'utilise pas le Rituel) relève de l'initiative de celui qui prie et s'efforce de laisser l'Esprit Saint guider sa prière, la seule règle étant, avec le bon sens, la communion de foi et de vie avec toute l'Église. De soi, le contenu d'une prière privée (et donc sa forme déprécative ou imprécative, son intention de demander et d'obtenir telle ou telle grâce) ne relève d'aucune réglementation !

Cette distinction comporte une autre conséquence. En tant qu'administrant un sacramental, l'exorciste jouit de l'autorité de toute l'Église, et c'est ce qu'exprime l'étole qu'il doit revêtir. A travers lui c'est l'Église, avec toute l'autorité qu'elle a reçue pour cela du Christ, qui commande aux démons, ce que soulignent avec force les formules à l'impératif dites « imprécatives ». C'est l'actualisation du mystère du salut apporté par le Fils de Dieu « venu dans la chair » (il est, comme l'enseigne Vatican II, le Sacrement source) et se prolongeant dans l'Église Corps du Christ, divine et humaine à la fois (Vatican II désigne celle-ci comme le Grand Sacrement dont les sept sacrements sont l'expression condensée en quelques points névralgiques de sa vie et de son ministère). Les sacramentaux (prières de bénédiction, images saintes, objets bénis, etc.) participent de cette sacramentalité de l'Église et y sont des canaux visibles empruntés par l'Esprit de Dieu pour répandre sa grâce ; ils agissent *ex opere operantis Ecclesiae*, c'est-à-dire avec l'efficacité, la puissance même de l'Église Corps du Christ.

Prière privée, une simple prière de délivrance ne tire au contraire sa puissance que de la qualité de foi et de prière de celui qui la prononce. Rien, ou pas grand-chose, ne se fait s'il ne prie d'un cœur humble et purifié, avec une « foi qui n'hésite pas », en se remettant dans la communion de la prière de toute l'Église et en se faisant tout accueil pour recevoir du Christ seul Sauveur et de son Esprit la grâce demandée. Dans ces conditions, on comprend qu'il soit imprudent de se lancer dans le combat redoutable qu'est un affrontement direct avec le Mauvais si l'on n'y est pas bien préparé (humainement et spirituellement), bien entouré (d'où ces fameuses « réunions ») et bien soutenu par la puissance de l'Esprit qui seul peut donner (à qui Il veut, comme et quand Il le veut) l'ensemble des charismes nécessaires à une prière de délivrance (charismes de discernement, de compassion, de foi, d'autorité...). Et ce n'est que rarement qu'un seul fidèle (fût-il prêtre) jouira au même moment de tous ces charismes ; c'est pourquoi il ne se lancera pas seul en un tel combat ! La lettre de la Congrégation, si elle n'éclaire ni le fond ni l'ensemble du problème, est bien venue pour rappeler les uns et les autres à une saine prudence... Il reste à espérer que la réforme attendue du Rituel de l'exorcisme contribuera à éclairer l'ensemble du problème en prenant la juste mesure de la situation actuelle et sans rien minimiser des données de la foi, de la Tradition de l'Église,... et des besoins des fidèles.

IX

La démonologie dans la foi de l'Église

Débat marginal ou question essentielle ?

Certains lecteurs se demanderont peut-être à la fin de cette étude : est-il nécessaire de faire resurgir ce vieux débat ? Ou encore : soit, Satan existe ; mais ce n'est dans l'ensemble de la foi qu'une question secondaire, marginale même, et il y a pour l'Église bien d'autres préoccupations plus urgentes et plus importantes ! Ne serait-il pas plus sain de laisser tout cela dans l'ombre et de s'intéresser d'abord aux aspects positifs de la foi (la communion de vie avec Dieu) et de la mission de l'Église « dans le monde de ce temps » comme l'a fait le concile Vatican II ?

On peut répondre d'abord que ce n'est pas l'Église qui a relancé le débat ; si on peut lui adresser un reproche, ce serait plutôt de n'y avoir pas suffisamment prêté attention ! Ce sont les *mass media* (et tous savent que l'influence de l'Église y est bien minime) qui en font un véritable matraquage médiatique, et le plus étonnant est que l'opinion publique suive... A moins que les médias n'aient fait que répondre à l'attente de celle-ci ?

Ce n'est pas non plus l'Église qui dans son enseignement vient perturber les esprits par une quelconque « chasse aux sorcières ». Le reproche à lui adresser serait plutôt, à l'inverse, de laisser désemparée la foule de ceux qui, après avoir couru d'une pratique occulte à l'autre et avoir recouru en vain aux désenvoûteurs de toutes sortes, se tournent enfin vers elle à la recherche d'un des rares exorcistes disponibles !

Mais la véritable question est plus profonde : est-il vrai que l'existence et l'action de Satan ne sont dans la foi et la vie de l'Église qu'une question secondaire et marginale ? Ce chapitre voudrait montrer tout au contraire qu'il s'agit d'une question secondaire certes mais plus importante qu'il n'y paraît, qu'elle fait partie de l'essence même de la foi chrétienne et est présente dans la plupart de ses aspects.

La laisser dans l'ombre risquerait d'entraîner une dénaturation profonde de la foi et une déviation ou une carence graves dans la compréhension et l'exercice de la mission de l'Église.

Les anges et les démons

Le chapitre des anges et des démons faisait partie autrefois du traité de la Création. Les religions païennes, tout en reconnaissant le plus souvent une divinité souveraine (le grand dieu, le Père des dieux), rendaient surtout un culte à une multitude de divinités plus proches des hommes mais coexistantes à ce grand dieu dans « le monde des dieux », que celui-ci soit situé dans un « temps primordial » mythique ou dans un monde invisible (ou du moins inaccessible aux hommes). Le propre de la foi juive puis chrétienne est de proclamer que Dieu est l'Unique (Deutéronome 6, 4), le seul Dieu Très Haut, le seul Tout-Puissant et « créateur de toutes les choses visibles et invisibles » (*cf.* le symbole de Nicée proclamé chaque dimanche à la messe). Les « puissances invisibles », de quelque nom qu'on les appelle, ne sont pas niées, mais réduites à l'état de créatures, au même titre que l'univers visible. Elles sont toutes créées bonnes par ce Dieu bon qui ne peut créer que des êtres bons. Les unes sont restées bonnes, fidèles à celui qui les a faites : ce sont les anges ; certaines se sont révoltées contre leur créateur et tentent d'entraîner les hommes dans leur orgueilleuse désobéissance et de susciter dans le monde toutes sortes de maux : ce sont les démons, auxquels la Bible assimile les idoles et les divinités païennes.

Il n'est pas question bien sûr de ressusciter toutes les spéculations médiévales sur le « sexe des anges » ou sur les « hiérarchies angéliques » ! Ce ne sont que réflexions humaines de théologiens sur la multitude des termes dont ces créatures invisibles sont nommées dans la Bible à partir soit des traditions païennes (chérubins et séraphins), soit de spéculations philosophiques (puissances, trônes, dominations), soit des missions que Dieu leur donne dans l'histoire du salut (anges, c'est-à-dire « envoyés pour annoncer », archanges).

Mais l'existence de ce monde invisible souligne fortement l'universalité inépuisable de la puissance du Dieu créateur de toutes choses. En d'autres termes, Dieu n'épuise pas sa puissance créatrice en créant l'univers visible ! Et quand il crée l'homme en lui communiquant quelque chose du souffle même de sa propre vie (Genèse 2, 7) et en le faisant « à son image, comme à sa ressemblance » (Genèse 1, 26-27), c'est par un don gratuit de sa liberté.

La révélation de l'existence du monde invisible souligne ainsi la transcendance absolue du Dieu de l'Alliance, nous invite à une adoration éblouie de sa toute-puissance et de la gratuité de son dessein d'amour envers l'homme,... et nous préserve de toute prétention à nous prendre pour le centre du monde (« L'homme est la mesure de toutes choses », disait le philosophe grec Protagoras, initiateur de l'anthropocentrisme qui domine tout l'humanisme moderne). Renoncer à ce chapitre du traité de la

Création, ce serait donc non seulement biffer de l'Écriture, au nom de nos convenances, bien des pages qui en font partie intégrante, mais encore mutiler la foi de l'Église qui dans sa Tradition constante les a toujours reçues comme révélation de Dieu ; ce serait défigurer Dieu dans le visage qu'il nous a donné de lui-même, et finalement risquer de nous attribuer à nous-mêmes ce que nous retirerions aux puissances invisibles : le privilège d'être en notre nature les plus belles créatures de Dieu.

Problème du mal ou mystère d'iniquité ?

Dans sa conférence de 1985 à la réunion des exorcistes diocésains, Mgr Gaidon a une page remarquable par sa densité et sa profondeur :

> Il y a continuité dans la pensée de l'Église qui se refuse — ce faisant — à faire preuve d'optimisme ou de pessimisme : langage qui n'est pas de mise quand il s'agit de sauvegarder une authentique vision théologale. Ce que nous dit la foi chrétienne, c'est l'affirmation de la victoire de l'amour *(mysterium pietatis)* qui ne néglige pas la prise en compte de la présence insidieuse du mal *(mysterium iniquitatis)*. Question redoutable que celle du mal et qu'il faut oser saisir à bras-le-corps pour pouvoir parler du Diable. Il n'est possible de poser l'existence de Satan que dans le cadre plus général de l'existence du mal : problème qui hante depuis toujours la pensée des

hommes et représente pour eux une énigme abyssale.

Comment ont-ils essayé d'y répondre, sinon en suivant trois schèmes que l'on retrouve comme tels suivant les époques et les systèmes philosophiques ?

Premier schéma : le dualisme, qui pose l'existence de deux principes antagonistes à l'origine de tout, un principe personnel du mal et un principe personnel du bien, principes en opposition et en conflit. Nous reconnaissons là une tentation permanente de l'esprit humain, devenue système de pensée dans les différents courants gnostiques* et manichéens*.

Nous sommes là dans un univers philosophique et métaphysique étranger à la pensée chrétienne pour qui Dieu est le seul créateur du réel dans son ensemble et le seul Seigneur de l'histoire.

Second schéma : celui du monisme*. Pour ce courant, la création n'ayant pas d'indépendance ontologique* par rapport à Dieu, le mal qui est inscrit dans le monde créé doit donc, d'une certaine façon, se rapporter à Dieu même : il serait comme un élément de la création selon le plan divin. On voit les dangers d'une telle conception qui porte atteinte à la sainteté de Dieu en affirmant l'éternelle nécessité du mal.

Troisième schéma : celui qui sauvegarde l'acte créateur de Dieu dans sa bonté initiale et qui prend en compte la possibilité d'un désordre et d'une déviance introduits par la libre décision de la créature. Et cela parce que, pour la foi chrétienne, la création introduit entre Dieu et ses créatures un dialogue de liberté et d'amour. En ce cas, le mal ne peut être pensé que dans le cadre de la dignité d'une créature douée de liberté et qui peut user de cette liberté pour introduire chaos, violence et destruction. Parmi ces créatures, l'Écriture place tout le monde des esprits, des anges bons et mauvais. Car Dieu est créateur des choses « visibles et invisibles ». Et l'Écriture situe aussi le mal à ce niveau : dans ce refus d'esprits créés bons et « devenus mauvais » par un libre choix, vérité qui a été reprise dans le fameux texte de Latran 1215 : « Le Diable et les autres démons ont été créés bons de par leur nature mais ce sont eux-mêmes qui se sont rendus mauvais. »

Nous touchons là un point important de ce que nous mettons derrière le concept « mal » : non seulement une abstraction mais ce que l'Église définit « comme un agent ennemi et obscur, un être vivant spirituel, perverti et pervertisseur ». Affirmant cela, l'Église n'hésite pas à nous redire que s'écartent de l'enseignement de la Bible et de l'Église ceux qui refusent de reconnaître son existence. Quiconque se croit obligé de se décider autrement ne devra pas se contenter de nier cette existence, mais il lui faudra montrer qu'il peut vraiment proposer une meilleure explication de l'origine du mal.

De fait, c'est en faisant appel au rôle joué par le Serpent (Genèse 3) et le Satan (Job 1 et 2) que l'Ancien Testament aborde cette réflexion jamais achevée dans l'histoire humaine. Et, comme on l'a vu aux chapitres II et VII, bien loin de prendre de la distance par rapport à cette présentation ancienne, Jésus et ses apôtres en ont souligné l'importance.

Reconnaissons d'abord que, si une sagesse humaine avait résolu le problème, cela se saurait, et les hommes auraient cessé depuis longtemps cette quête angoissée qui est la leur depuis au moins trois millénaires !

D'autre part, il faut bien avouer qu'au moins en un premier temps la foi juive au Dieu unique n'a fait que rendre le problème encore plus difficile à résoudre en suscitant le scandale d'un Dieu bon et tout-puissant qui laisse souffrir ses créatures sans qu'il y ait de leur part quelque culpabilité que ce soit. C'est le drame dans lequel se débat déjà le pauvre Job, type même de l'homme juste poursuivi par le malheur qui l'écrase sous le regard apparemment impassible d'un Dieu silencieux. On comprend la révolte d'un Alfred de Vigny à la fin d'un de ses poèmes :

> Et l'homme ne répondra que par un froid silence
> Au silence éternel de la Divinité. »
> *(le Mont des Oliviers).*

Ou encore celle de Camus qui récuse ce Dieu accusé de faire souffrir « les petits enfants innocents » *(La Peste)*.

En évoquant le rôle joué par le Tentateur et en dévoilant progressivement le mystérieux dessein de salut que Dieu accomplit par étapes dans l'histoire des hommes, en contemplant avec saint Paul cette mystérieuse solidarité qui unit tous les hommes entre eux dans le péché comme dans la grâce, la Révélation nous achemine par étapes vers la contemplation centrale du mystère de la Croix et de la Résurrection. En Jésus crucifié (si nous reconnaissons dans la foi ce qu'Il est en vérité : le Fils de Dieu Lui-même venu dans la chair épouser notre condition souffrante et mortelle et donner sa vie pour nous en toute liberté), nous pouvons contempler l'Amour suprême dont Dieu nous aime et nous sommes invités à lui faire confiance. En Jésus ressuscité nous pouvons contempler la puissance du Dieu capable pour nous de vaincre, non seulement le Mauvais, mais la mort elle-même, et nous sommes là aussi invités à lui donner notre foi. Plus encore nous sommes invités, même si nous ne comprenons pas encore, à accorder notre foi à la sagesse mystérieuse que Dieu nous laisse entrevoir et à l'adorer. C'est l'invitation que Dieu adresse finalement à Job avant de le restaurer dans tous ses biens (Job 38-42). En effet, sauver l'homme de son péché et de ses conséquences, c'est-à-dire le réintroduire dans la communion d'amour, de vie et de joie plénière à laquelle il était appelé, cela ne pouvait se faire sans que l'homme y consentît au moins en sa liberté (car sans liberté il n'y a pas d'amour !), et c'est précisément cette liberté de l'homme pécheur qui se dérobe... Il n'y a pas de solution humaine à cette véritable quadrature du cercle, mais seulement la prodigieuse invention de la sagesse et de l'amour divin, l'amour crucifié qui nous interpelle en nous disant : « Vois comme je t'aime ! » Saint Bernard répondra : « Comment ne pas aimer en retour celui qui nous aime tant ? » Et saint François d'Assise parcourra les campagnes en clamant le scandale des scandales : « L'Amour n'est pas aimé ! » Quel « aimant » (aux deux sens du terme) plus puissant inventer ? Mais cet aimant suscite une réponse d'amour et de liberté, une vraie conversion du cœur et de tout l'être. A moins que le pécheur ne s'endurcisse plus encore dans son péché et son refus... Mais il lui faut pour cela détourner radicalement son regard de ce Regard qui l'appelle. Et qui pourrait rejeter sur Dieu la responsabilité d'un tel endurcissement ?

Le péché de l'homme, comme l'a bien montré saint Irénée de Lyon dès le IIe siècle, n'est encore qu'un péché d'enfant, un péché de faiblesse que Dieu vient pardonner. Comme le père du fils prodigue, Dieu attend, appelle, accueille, restaure et guérit ce fils infidèle qui s'est laissé séduire. Le vrai responsable, c'est le Satan, le Tentateur, l'Accusateur, le grand révolté, celui qui dans la perfection de son intelligence et la perversion de sa liberté se dresse contre Dieu (quelles que soient les raisons que les théologiens ont imaginées à son péché). L'insoluble problème du mal, c'est finalement au niveau de Satan qu'il se pose en toute son acuité. Que l'homme, en sa faiblesse, ait cédé à la tentation d'un plus malin que lui, passe encore ! Dieu y pourvoira... Mais Satan ? Comment lui est-il possible de se refuser si radicalement à l'amour et à la joie qui lui sont offertes ? J'avoue ne pas connaître de réponse à cette question que l'on peut appeler avec saint Paul le « mystère d'iniquité ». Le mystère de Dieu est celui d'une lumière qui m'éblouit, car mes yeux et mon intelligence (qui ne s'exerce qu'à partir des données fournies à elle par les organes de nos sens) ne sont pas faits pour regarder en face le soleil de Dieu. Et je comprends pourquoi je ne peux encore comprendre... Mais le mystère d'iniquité est un mystère de ténèbres, le mystère d'une liberté qui s'est délibérément détournée de la lumière de Dieu... Alors comment pourrais-je voir et comprendre ce qui est ténèbre ?

En définitive, dans le « mystère de la foi » (« Nous rappelons ta mort, Seigneur ressuscité, et nous attendons que tu viennes », comme l'Église nous invite à le proclamer aussitôt après la consécration), le rôle de Satan est essentiel pour nous permettre de comprendre comment le mal s'est introduit dans le monde et nous permettre d'avancer autant qu'il est possible dans la compréhension de ce mystère. On pourrait dire que c'est l'« hypothèse d'explication » grâce à laquelle nous évitons le scandale de « ce Dieu bon qui permet la souffrance des petits enfants innocents ». C'est en tout cas celle qu'adopte Jésus quand il engage son combat victorieux non contre un « mal » anonyme ou contre les hommes pécheurs, mais contre l'Adversaire de Dieu et des hommes. A celui qui la récuse d'en proposer une meilleure...

Le salut en Jésus-Christ

Après avoir évoqué « le Mystère pascal de Jésus » (sa mort, sa résurrection et le don de l'Esprit au jour de la Pentecôte), le *Catéchisme pour adultes*[1] des évêques de France décrit, en un chapitre remarquable intitulé « Jésus Sauveur », les multiples façons dont l'œuvre de Jésus en faveur des hommes a été présentée dans l'Écriture et toute la Tradition de l'Église. Chacun des auteurs des courants théologiques au long de l'histoire a eu en effet sa manière propre, son vocabulaire et sa « problématique » pour aborder ce thème central du mystère chrétien. Aucune de ces approches ne se suffit à elle-même ; elles sont toutes complémentaires. Chacune apporte son éclairage et comporte ses limites,... et ses dangers si l'on s'y enfermait.

L'approche première par « le Mystère pascal de Jésus », choisie par les évêques à juste titre, est sans doute la plus fondamentale et la plus éclairante. Elle a l'avantage d'un solide enracinement dans la tradition juive et de constituer le cœur même de la liturgie de l'Église ; elle centre tout sur la personne du Christ, la victoire de la vie sur la mort, de la liberté sur l'esclavage et manifeste bien l'action de l'Esprit saint qui répand en l'homme restauré la Vie même de Dieu. Bien mise en relief par le magistral livre du père Bouyer *Le Mystère*

1. Paris, 1991.

pascal[1], elle constitue le cœur de la réforme liturgique mise en œuvre par le concile Vatican II. Mais il faut bien reconnaître que, si elle a soulevé à juste titre l'enthousiasme des clercs et de tous ceux qui se nourrissent de la Bible, elle nous fait entrer dans un monde totalement étranger à la culture contemporaine et exige du catholique moyen un nécessaire mais colossal effort de culture biblique...

Nos évêques intitulent le chapitre VI « Jésus Sauveur », rejoignant là un vocabulaire plus accessible aux hommes d'aujourd'hui. Mais avec réalisme, ils s'interrogent d'abord : « L'homme a-t-il donc besoin d'être sauvé ? L'homme d'aujourd'hui en a-t-il encore besoin ? Sauvé de quoi ? Se pose-t-il encore de telles questions ? » (p. 155).

Malgré cet obstacle de fond, une telle approche apparaît à juste titre la meilleure aux évêques, une fois qu'on a bien précisé ce que l'on met sous ce terme de salut : « la délivrance de tout mal » (retour à la santé, libération de la servitude) et « le don de la vie, d'une vie éternelle qui a les traits du Royaume que Jésus est venu instaurer, d'une vie dans l'amour, la justice et la paix » (p. 157).

Car il faut bien avouer que toutes les autres approches rappelées par les évêques sont encore plus éloignées de la mentalité contemporaine et susceptibles d'interprétations dangereuses : rédemption, libération, divinisation, justification,

1. Paris, 1945, réédité en 1965 par Le Cerf, Paris.

sacrifice, expiation, réparation, satisfaction... Elles exigent toutes de longues explications pour leur permettre d'être sinon acceptées du moins comprises sans trop de contresens !

Une seule approche est passée sous silence : celle qui évoquerait la victoire du Christ sur Satan et les esprits mauvais. Elle est pourtant aussi biblique (sinon plus) et traditionnelle que les autres (plus en tout cas que celles de réparation et de satisfaction) ; mais elle suscite effectivement chez beaucoup le profond malaise que l'on a évoqué aux chapitres II et III. Elle comporte ses limites et ses dangers, comme toutes les autres, mais aussi bien des avantages. Tout le monde sait (sans qu'il soit besoin de longues explications) ce qu'est le mal sous toutes ses formes et dans son origine première : « le Mauvais » ; tout le monde se rend compte que nous vivons dans un monde conflictuel où nous sommes confrontés à toutes sortes de combats devant lesquels nous nous trouvons si souvent démunis ; tous aspirent à une victoire décisive sur le mensonge, la violence et la haine, la souffrance et la mort ; et tous peuvent aisément comprendre que cette victoire ne peut être que celle de l'amour, et donc de « quelqu'un qui aime », qui aime plus fortement qu'aucun de nous ne saurait et ne pourrait le faire : Martin Luther King, Mère Teresa, l'abbé Pierre auraient-ils sinon sur les foules le rayonnement qu'on leur connaît ? Et tous peuvent aisément comprendre que si la victoire du Christ est si radicale, c'est qu'elle s'attaque au mal en sa racine : le Mauvais.

La mission de l'Église

> « La mission de l'Église a sa source en Dieu : elle prolonge la mission que le Fils a reçue du Père de réconcilier le monde avec Lui, mission de sanctification et de communion qui s'accomplit dans l'Esprit Saint, envoyé par le Père et le Fils » (*Catéchisme pour adultes*, p. 201).

Les évêques citent, pour préciser le contenu de cette mission, les dernières paroles de Jésus avant l'Ascension, telles que les rapporte l'évangéliste saint Matthieu (28, 18-20). Pesons-en chacun des termes :

> *Tout pouvoir* m'a été donné *au ciel et sur la terre.*

Il y a la mission reçue du Père et les pouvoirs nécessaires à son accomplissement. Ces pouvoirs n'ont pas à s'exercer seulement « sur la terre » mais aussi « au ciel », c'est-à-dire dans « l'univers visible et invisible » comme le dit le Credo. Saint Paul précise au sujet de la primauté du Christ qu'il est le « Premier-Né de toute créature, car c'est en lui qu'ont été créées toutes choses, dans les cieux et sur la terre, les visibles et les invisibles, trônes, seigneuries, principautés, puissances ; tout a été créé par lui et pour lui » (Colossiens 1, 15-17). Il ajoute même, en parlant de la résurrection et de son avènement à la fin des temps : « Puis ce sera la fin, quand il remettra la royauté à Dieu le Père, après avoir détruit toute principauté, domination et puissance. car il faut qu'il règne jusqu'à ce qu'il ait placé tous ses ennemis sous ses pieds. Le dernier ennemi détruit, c'est la Mort » (1 Corinthiens 15, 24-26). C'est sans ambiguïté l'évocation du combat spirituel et de la victoire du Christ sur les Adversaires invisibles et le fruit vénéneux de leur action en ce monde : la mort.

Allez donc...

C'est la mission de l'Église qui prolonge dans l'histoire l'œuvre accomplie par Jésus et est transmise par Lui à ses apôtres. « Comme Tu m'as envoyé dans le monde, Moi aussi, Je les ai envoyés dans le monde » (Jean 17, 18). C'est en ce sens que l'Église est « apostolique ».

... De toutes les nations faites des disciples...

Ce que l'on traduit souvent par : « Enseignez toutes les nations. » C'est l'œuvre, jamais achevée jusqu'à la fin des temps, de l'évangélisation. Proclamez et expliquez inlassablement la Parole !

... *Baptisez-les* au nom du Père et du Fils et du Saint-Esprit...

C'est, à travers le baptême, toute la mission sacramentelle de l'Église qui consiste à introduire la multitude des croyants dans le mystère du Christ mort et ressuscité.

> ... *Et apprenez-leur à garder tous les commandements que je vous ai donnés.*

C'est toute la responsabilité pastorale de l'Église qui veille sur le troupeau que lui a confié le Bon Pasteur. Et ce n'est pas une œuvre de tout repos, comme Paul l'a constaté (2 Corinthiens 11, 23-29 ; 12, 7-10),... après le Christ lui-même qui évoque le surgissement du voleur et du loup (Jean 10, 10-12) que le Bon Pasteur affronte et repousse victorieusement : « Ayez confiance ! J'ai vaincu le monde » (Jean 16, 33) ; [Père saint] « Garde-les du Mauvais » (Jean 17, 15).

> *Et Moi, Je suis avec vous tous les jours, jusqu'à la fin du monde.*

C'est le statut de l'apôtre qui est envoyé au nom de quelqu'un qui agit à travers lui ; c'est le statut de l'Église qui n'accomplit sa mission que « par le Christ, avec Lui et en Lui », et ceci jusqu'à la fin du monde. Après le temps du Verbe incarné, voici le temps de l'Église qui n'est autre, selon le mot de Bossuet, que « Jésus-Christ répandu et communiqué » dans tous les aspects de sa mission, y compris le combat victorieux contre l'Adversaire.

Mais cette finale de Matthieu, plus « ecclésiastique », ne saurait être séparée de celle de Marc (étudiée au chapitre VII), plus populaire, qui s'adresse à tous les croyants et souligne les deux signes qui accompagnent la prédication de l'Évangile : les démons seront chassés et les malades guéris. Comme toujours, les textes de la Parole de Dieu sont à prendre ensemble dans leur complémentarité et il est sans doute regrettable que les Églises établies (aussi bien celles issues de la Réforme que l'Église catholique) laissent aux communautés « chrétiennes évangéliques », quand ce n'est pas aux sectes, le privilège de mettre en pratique ces dimensions de la mission de l'Église qui heurtent notre rationalisme occidental...

Mission de la hiérarchie et du laïcat

La concile Vatican II a heureusement réhabilité, après des siècles de cléricalisme, le rôle du laïcat. Celui-ci n'est plus défini négativement (ceux qui ne sont ni prêtres ni religieux) mais positivement (ceux qui, dans la foi de l'Église, vivent la vie baptismale) et n'est plus réduit à un rôle surtout passif d'obéissance mais se voit invité à participer activement à la mission de l'Église « dans le monde de ce temps ». « Prêtre, prophète et roi », tout laïc l'est à sa manière, en tant que membre de l'Église, Peuple de Dieu, qui participe collectivement à cette triple mission du Christ. L'Action catholique ira même plus loin quand elle se verra définie comme « la participation des laïcs à l'apostolat hiérarchique ».

Le *catéchisme pour adultes* le rappelle opportunément :

> La mission incombe donc à un titre particulier « à l'ordre des évêques, assistés par les prêtres en union avec le successeur de Pierre » (*Ad gentes*, 5). Mais elle est confiée, en union avec eux, à tous les baptisés. C'est l'Église tout entière qui est missionnaire. L'évangélisation incombe à tout le peuple de Dieu. « Le Christ [...] accomplit sa fonction prophétique jusqu'à la pleine manifestation de la gloire, non seulement par la hiérarchie qui enseigne en son nom et avec son pouvoir, mais aussi par les laïcs, dont il fait pour cela également des témoins en les pourvoyant du sens de la foi et de la grâce de la Parole » (*Lumen gentium*, 35).
>
> Reprenant l'enseignement du concile Vacitan II, faisant écho également aux voix qui s'étaient fait entendre lors du synode des évêques de 1987, consacré à « la vocation et [à] la mission des fidèles laïcs dans l'Église et dans le monde », Jean-Paul II, dans son exhortation apostolique sur « les fidèles laïcs », rappelle ce qui fonde cette mission des laïcs : les sacrements de l'initiation chrétienne et le don du Saint-Esprit, qui les fait participants à la fonction sacerdotale, prophétique et royale de Jésus-Christ (*cf. Christifideles laici* 13-14) [pp. 201-202].

La mission propre du ministère ordonné des

évêques et des prêtres est de « présider » à la communion de la foi et de la charité. L'évêque est dans l'Église « le sacrement du Christ-Tête » et c'est à ce titre qu'il est gardien de la Parole et garant de la fidélité de la communauté à la foi de l'Église, grand prêtre qui préside à la prière de l'Église (et donc à tous les sacrements et par-dessus tout à l'Eucharistie), pasteur qui guide la marche du peuple de Dieu, assure sa cohésion et veille à tout danger.

Dans la communion de foi et de vie avec toute l'Église dont ils sont membres et dans l'obéissance aux pasteurs qui leur ont été donnés par le Christ lui-même, les fidèles baptisés ont donc part à toute la mission de l'Église, chacun selon ses aptitudes, ses responsabilités propres dans la communauté et au sein du monde. Ils annoncent l'Évangile, ils prient, ils servent leurs frères de toutes sortes de manières, et n'ont besoin pour cela d'aucune délégation particulière. À l'Église hiérarchique de veiller, comme le faisait saint Paul dans l'Église de Corinthe (1 Corinthiens 11-14), à ce que tout se passe « dans l'ordre ». Dans la Constitution « Lumen Gentium » sur l'Église, le concile Vatican II rappelle que l'Esprit saint « dispense des grâces spéciales aux fidèles de tout ordre. Ces charismes, qu'ils soient extraordinaires ou simples, doivent être accueillis avec reconnaissance et dévotion » (chap. 12). En ce qui concerne les charismes extraordinaires, l'autorité ecclésiastique a la charge d'en exercer le discernement, mais, ajoute le concile,

« elle doit surtout veiller à *ne pas éteindre l'Esprit*, examiner toute chose et retenir ce qui est bon » (chap. 12). Pensant à la pastorale de l'exorcisme, Dom Amorth, qui cite ce texte, ajoute avec une sévérité sans doute excessive mais non sans quelque fondement :

> « Ces directives n'ont pratiquement été appliquées nulle part. Les affirmations du concile selon lesquelles tout individu, même laïc, qui reçoit des charismes de l'Esprit Saint a le droit et le devoir de les exercer sous la direction et le jugement des évêques, sont donc inutiles [...] il s'agit d'un domaine ouvert qu'il faut mettre en œuvre » (p. 194).

Don Amorth pense aussi, semble-t-il, à l'accueil réservé, voire hostile que le Renouveau dit « charismatique » a rencontré le plus souvent de la part des clercs. Il ne faudrait cependant pas être injuste. Il n'a pas manqué un peu partout de prêtres et d'évêques qui ont su être attentifs à ce surgissement inattendu et déconcertant de charismes dont on avait quelque peu perdu l'habitude dans l'Église catholique. Paul VI puis Jean-Paul II, suivis par nombre d'évêques et de cardinaux, ont su être attentifs à ce qui s'y passait et exercer leur discernement pour à la fois encourager le mouvement (et ce qu'il engendrait comme initiatives et institutions) et le mettre en garde contre des dangers réels. Serait-ce faire un procès d'intention que de redouter que ces encouragements mêlés de mises en garde ne soient une invitation à ce qu'il se développe, avec le dynamisme et les fruits qu'on lui connaît, mais en mettant en veilleuse son caractère proprement charismatique ?

En tout cas, l'exorciste romain semble viser plus précisément la pastorale officielle de l'Église en matière d'exorcisme. Peut-on se contenter, dans ce domaine, du combat spirituel (qui concerne la vie de tout fidèle baptisé), de mesures disciplinaires qui risquent de stériliser l'initiative et la responsabilité des laïcs (et même des prêtres qui n'ont pas reçu ministère explicite d'exorciste), alors qu'il s'agit de faire face à des agressions caractérisées du Mauvais sur eux ou sur leur entourage ? Reconnaître la réalité et l'importance de ce combat, encourager chacun, selon ses aptitudes et les circonstances, à y participer, assurer la formation nécessaire à l'ensemble des fidèles, reconnaître les charismes particuliers (ordinaires ou extraordinaires) que l'Esprit saint peut donner à certains, veiller à ce que tout se passe dans l'ordre, telle serait bien la pastorale du combat spirituel en général, et de la prière d'exorcisme ou de délivrance en particulier, qu'il conviendrait de mettre en œuvre. On en est loin bien évidemment, malgré de timides essais locaux ici et là ! Mais la nécessaire prudence, qui est l'un des charismes propres du pasteur, ne peut être confondue avec la simple prudence humaine ou la fuite devant un problème embarrassant ; elle sait avec audace accueillir ou susciter les initiatives et est d'autant mieux placée pour avertir et reprendre qu'elle a su auparavant encourager et faire confiance. S'il est vrai que le combat contre « la Puissance des ténèbres » fait partie intégrante de la mission de l'Église et de tout croyant, il faudra bien réfléchir et reconnaître ce qui, en ce terrain de mission, relève de la responsabilité du laïc.

CONCLUSION

La démonologie pose aujourd'hui à l'Église une double série de questions qui ne sauraient être éludées plus longtemps.

La première s'adresse aux théologiens et au magistère de l'Église chargé de vérifier la cohérence entre les recherches de ceux-ci et la foi de l'Église.

L'existence de Satan fait-elle partie du contenu de la Révélation ? Dans le document longuement cité (mais qui n'est qu'une étude d'expert « vivement recommandée comme base sûre pour réaffirmer la doctrine du magistère[1] », la Congrégation pour la doctrine de la foi répond clairement « oui » face aux contestations d'un certain nombre de penseurs et même de théologiens influencés par le

---

1. *La Documentation catholique*, n° 1681, 3-17 août 1975, p. 708.

rationalisme de la pensée contemporaine et en particulier des sciences humaines.

Où et comment reconnaître l'action du Mauvais dans le monde d'aujourd'hui ? Quels critères de discernement avancer face aux hypothèses réductrices de la plupart des psychosociologues ? Quelques textes (peu diffusés) de conférences, quelques articles de revues, tel ou tel chapitre dans un ouvrage portant sur d'autres questions, quelques paroles très générales au fil d'un discours de Paul VI ou de Jean-Paul II, c'est tout ce dont nous disposons depuis le concile... Bref, une étude sérieuse reste à entreprendre.

Quels principes doctrinaux vont inspirer l'œuvre en cours (?) de la réforme du Rituel du grand exorcisme ? Je n'ai guère d'éléments de réponse à cette question. Mais j'ai des craintes (fondées) qu'elle ne fasse la part belle aux négations ou à la gêne des théologiens et penseurs à la mode aux dépens de la Tradition de l'Église et de l'expérience d'exorcistes tels que Dom Amorth. Ceux qui sont parvenus à exclure de la liturgie nouvelle (dans le Missel, l'Office des heures et le Rituel) la plupart des oraisons qui évoquaient Satan et des formules « imprécatives » d'exorcisme pèsent sans doute de tout leur poids et de leur influence pour que le Rituel de l'exorcisme soit réformé dans le même sens.

La seconde s'adresse aux pasteurs.

Dans la crise spirituelle qui secoue aujourd'hui

l'humanité, les fidèles chrétiens et la multitude des hommes vont-ils rester longtemps privés d'une forte parole d'Église seule capable de leur révéler la nature exacte et les dangers de la montée actuelle de l'ésotérisme, de l'occultisme et du satanisme ?

La multitude de ceux qui sont ou se croient victimes des ruses et violences du Mauvais vont-ils longtemps encore se trouver abandonnés ou rejetés par l'Église et condamnés, faute d'exorcistes assez convaincus et assez nombreux, à se tourner vers les communautés « chrétiennes évangéliques », quand ce n'est pas vers les sectes, les « exorcistes sauvages » ou les désenvoûteurs professionnels ? Quand pourront-ils enfin recevoir une autre réponse qu'un sourire condescendant, un haussement d'épaules impuissant, de sages conseils spirituels qu'ils ne peuvent appliquer ou l'adresse d'un bon psychiatre ? Quand pourront-ils enfin rencontrer une vraie compassion qui accueille avec sérieux leur souffrance ?

La remise en valeur d'une véritable spiritualité et d'une pastorale du combat spirituel, de la prière de délivrance et de l'exorcisme s'impose de toute urgence !

Face à ces questions actuelles, deux dangers opposés guettent l'Église aujourd'hui :

— minimiser le problème et faire comme si Satan et les esprits mauvais n'existaient pas ou du moins n'étaient pas à l'œuvre. La première ruse de

Sors de cet homme, Satan !

Satan, c'est de se faire oublier afin de pouvoir agir en toute tranquillité ;

— accorder trop de pouvoir à l'Adversaire et ne voir que lui partout, en oubliant que l'essentiel, c'est Dieu et son dessein d'Amour et de Vie et que Satan n'est finalement qu'un vaincu en sursis.

Satan est puissant et il faut le combattre, mais

DIEU SEUL EST LE TOUT-PUISSANT !

AYEZ CONFIANCE ! J'AI VAINCU LE MONDE.

BIBLIOGRAPHIE

1. *Deux textes essentiels*

Sacrée Congrégation pour la doctrine de la foi. — *Foi chrétienne et démonologie.* Texte italien dans l'*Osservatore Romano* du 26 juin 1975 ; texte français dans l'édition hebdomadaire en français du 4 juillet 1975, et dans *La Documentation catholique*, n° 1681, 3 août 1975 (21 colonnes).

Document d'expert « vivement recommandé comme base sûre pour réaffirmer la doctrine du magistère » ; traite essentiellement de l'existence de Satan.

Dom Gabriele AMORTH. — *Un exorciste raconte.* Édition originale en italien, éd. Dehoniane, Rome, 1991. Édition française, F.X. de Guibert (O.E.I.L.), Paris, 1992, 246 pages.

L'auteur, ancien provincial des pères paolins,

puis directeur de revue, est actuellement exorciste adjoint du diocèse de Rome. Il donne un témoignage savoureux, nourri de faits concrets, et le prolonge par une réflexion théologique et pastorale volontiers polémique.

2. *Trois grands classiques*

Joseph DE TONQUÉDEC. — *Introduction à l'étude du merveilleux et du miracle.* Beauchesne, Paris, 1916, (3e édition en 1938), 460 pages.

L'éminent jésuite, qui fut par la suite exorciste du diocèse de Paris, décrit « une méthode de recherche, dont le but est d'arriver à savoir si les phénomènes en question sont réels et, au cas où ils le seraient, à quelles causes il conviendrait de les attribuer » (p. 1).

Joseph DE TONQUÉDEC. — *Les maladies nerveuses ou mentales et les manifestations diaboliques.* Beauchesne, Paris, 1938.

Études carmélitaines (volume collectif). — *Satan.* Desclée de Brouwer, Paris, 1948, 666 pages.

Multiples contributions, que l'on dirait aujourd'hui « pluridisciplinaires », émanant de prestigieux spécialistes et suivies d'une bibliographie de 16 pages. Elles sont regroupées sous les titres : existence, histoire, aspects, répression, thérapeutique, formes, déicide, et comprennent le témoignage du père Joseph de Tonquédec.

Ouvrage fondamental qui ouvrit la voie au dialogue entre la Tradition chrétienne et les sciences humaines.

Edouard LANGTON. — *La Démonologie.* Payot, Paris, 1951, 242 pages (édition originale anglaise à Londres).

Étude de la doctrine juive et chrétienne, de son origine et de son développement.

Étude fouillée d'histoire comparée des religions qui conclut : « Jésus a accepté sans réserve les idées qui régnaient chez les Juifs au sujet de l'existence et de l'activité des mauvais esprits [...] Elles nous laissent devant le problème de savoir pourquoi il a délibérément resserré sur l'esprit de ses disciples les liens d'une théorie fausse » (p. 233).

3. *Sept ouvrages plus récents*

H. A. KELLY. — *Le Diable et ses démons.* Le Cerf, Paris, 1977, 204 pages (éd. originale en anglais, New York, 1974).

Essai « hypercritique » qui « voudrait aider l'intelligence à secouer le joug de l'imagination », comme le présente l'avant-propos des éditeurs français.

Revue *Communio* (édition française). — *Satan, « Mystère d'iniquité ».* Tome IV (n° 3, mai-juin 1979), 96 pages.

Multiples contributions de philosophes et théologiens de l'équipe de *Communio*. Réflexion profonde, bien ancrée dans la Tradition de l'Église, avec le témoignage du père Gesland, alors exorciste des huit diocèses de la région parisienne.

Amédée BRUNOT. — *Mariam la petite Arabe.* Salvator, Mulhouse, 6e éd., 1989, 182 pages.

Première biographie de sœur Marie de Jésus-Crucifié proclamée bienheureuse le 13 novembre 1983. L'humble carmélite, cheville ouvrière de la fondation du Carmel de Bethléem, vécut un terrible combat spirituel où elle fut confrontée à des états caractérisés de possession qui justifièrent de multiples exorcismes mais ne purent empêcher une authentique vie mystique, une vertu héroïque et une activité particulièrement féconde.

Georges HUBER. — *Arrière, Satan ! Le Diable aujourd'hui.* Téqui, Paris, 1991, 156 pages.

Petite somme de la Tradition de la foi catholique défendue avec vigueur contre ses détracteurs.

Nicolas LENEUF et Jean VERNETTE. — *Exorciste aujourd'hui ?* Salvator, Mulhouse, 1991, 88 pages.

Témoignage et réflexion de l'exorciste de Dijon, précédés d'une brève et remarquable mise au point du père Vernette.

Abbaye de Solesmes, sous la direction du père Lucien REGNAULT : *Satan et les forces du mal,* collection « Ce que dit le Pape » (nº 20), éditions Le Sarment-Fayard, Paris, 1992, 106 pages.

Sous la direction de Isidore FROC. — *Exorcistes.* Paris (Droguet et Ardant), octobre 1992, 226 pages. Dans la collection « Repères dans un nouvel âge », dirigée par Jean VERNETTE.

Œuvre collective de neuf exorcistes diocésains, représentative de la tendance psychologisante de la plupart des exorcistes actuellement nommés.

> « Que Satan soit une manière symbolique de parler des puissances du mal ou un personnage spirituel, la réalité est là : nous sommes confrontés à un mal qui nous dépasse et que tout homme trouve là dès sa naissance. Il vient même de plus loin que l'humanité, d'un ailleurs incompréhensible » (p. 142).

L'ouvrage fourmille de remarques intéressantes et de bon sens, comme de richesses spirituelles, mais les analyses paraîtront souvent un peu rapides... On en retient l'impression que, pour les auteurs, il s'agit surtout d'un problème de « langage » (p. 143) et de mentalité culturelle (*cf.* p. 158 où il est parlé d'« inculturation » à propos des exorcismes de Jésus).

L'accent est mis sur le travail d'équipe accompli par le psychologue et le prêtre auprès de personnes souffrant, en fait, d'angoisses ou de délires.

C'est le psychologue qui donne l'interprétation des malaises vécus par le consultant... et le prêtre joue surtout un rôle d'accueil, d'écoute compatissante et de conseil spirituel ; sa mission propre d'exorciste apparaît finalement peu et les auteurs se méfient au plus haut point de la tentation qu'il pourrait avoir d'exercer quelque autorité ou « pouvoir » sur les esprits mauvais, fût-ce au Nom du Christ...

4. *Quatre documents liés au Renouveau charismatique catholique*

Témoignages et réflexions de prêtres du Renouveau. — *Prêtres du Seigneur, témoignez du Seigneur.* Pneumathèque, Paris, 1981, 190 pages.

Brefs témoignages du cardinal Suenens et de douze prêtres qui ont vu leur vie sacerdotale renouvelée profondément par l'irruption de l'Esprit Saint. Parmi eux, celui de Georges Olier : « Un ministère de libération ».

Cardinal SUENENS. — *Renouveau et Puissance des ténèbres.* Document de Malines 4 et *Les Cahiers du Renouveau*, Paris, 1982, 120 pages.

Mise au point de la doctrine de l'Église et première réflexion sur le Renouveau charismatique et la redécouverte qui s'y fait du combat spirituel contre les puissances des ténèbres.

Session de Chantilly (mai 1983). — *La Délivrance.*

Compte rendu (polycopié) d'une session destinée aux animateurs des assemblées charismatiques et menée conjointement par le R. P. Garin, Geneviève Constant et Violaine Aufauvre.

Dr Philippe MADRE. — *Mais délivre-nous du Mal.* Pneumathèque, Paris, 1979, 169 pages.

Approche pratique et thérapeutique du problème de la délivrance et de l'influence du Malin dans la vie spirituelle, par l'animateur de la communauté thérapeutique du château Saint-Luc, à Cahors, fondée par la Communauté du Lion de Juda (devenue aujourd'hui Communauté des Béatitudes).

5. *Trois ouvrages protestants*

C. S. LEWIS. — *Tactique du Diable.* Traduit de l'anglais, Delachaux et Niestlé, Genève, 1967, 122 pages.

Sous une fiction épistolaire et sur le ton d'un humour bien anglais, l'auteur démasque les pièges du Menteur et avertit tous ceux qui ont à mener le combat spirituel,... c'est-à-dire chacun de nous !

Kurt E. KOCH. — *Occultisme et cure d'âme.* Ligue pour la lecture de la Bible, Lausanne, 1972, 364 pages.

Un « classique » traduit en de multiples langues, fruit de l'expérience d'un pasteur évangéliste confronté aux méfaits psychiques et spirituels causés par l'invasion actuelle des pratiques occultes.

Maurice Ray. — *Échec à l'oppresseur, Étude sur le ministère de la délivrance.* Ligue pour la lecture de la Bible, Lausanne, 1977, 253 pages.

Face au silence embarrassé ou incrédule de l'Église (de quasi toutes les Églises), le pasteur rappelle la doctrine traditionnelle de la foi chrétienne et remet en valeur le combat spirituel à mener, aujourd'hui comme autrefois, contre l'Adversaire.

N.B. : Cette petite bibliographie ne prétend pas être exhaustive...

GLOSSAIRE DES TERMES TECHNIQUES

N.B. : Sauf indication contraire, toutes les références sont tirées du Dictionnaire théologique de Louis Bouyer (Desclée, Paris, 1963, 653 p.), désigné par le sigle *D.T.*

Agnosticisme. Du grec *a* privatif et *gnotis*, « la connaissance ». « Doctrine qui, tout en admettant l'existence d'une réalité résidant au-delà des apparences sensibles, nie que l'esprit humain soit de nature à connaître quoi que ce soit de cette réalité » (*D.T.*, p. 22). A côté de l'agnosticisme que l'on pourrait dire absolu de beaucoup de philosophes contemporains, on pourrait parler d'un agnosticisme méthodologique des scientifiques (la science, de par sa méthode propre, ne peut rien dire de cette réalité) et de l'agnosticisme pratique des techniciens (on n'a pas à en tenir compte).

Apocalypse. Genre littéraire qui s'est développé en Israël à partir du IVe siècle avant J.-C. et connaît une grande vogue à l'époque du Christ. Les œuvres canoniques majeures en sont le livre de Daniel (7-12) et l'Apocalypse de saint Jean. Sous la fiction littéraire d'une vision du monde invisible (« Je vis les cieux ouverts... »), l'écrivain prophète montre par des images et symboles successifs le déploiement de l'action de Dieu dans l'histoire du monde. On passe, insensiblement si l'on n'y prend garde, de la description schématisée d'événements passés ou présents à la prophétie qui dévoile l'action mystérieuse de Dieu dans le présent et l'avenir. C'est dans ce cadre que se développe en Israël la réflexion sur « la fin des temps » (l'eschatologie), la venue du Fils de l'homme, la Résurrection et le monde des anges.

Bérulle (cardinal Pierre de), 1575-1629. Fondateur de l'Oratoire (français), introducteur en France du Carmel réformé de sainte Thérèse d'Ávila, il est surtout l'initiateur de ce qu'on appelle « l'école française de spiritualité ». Sa pensée, centrée sur la contemplation des mystères du Verbe incarné, domina toute la renaissance catholique en France du XVIIe siècle à la première moitié du XXe siècle.

Causes secondes. « On appelle cause d'un être tout ce qui explique qu'il existe tel qu'en fait il est » (*D.T.*, p. 128). On dit de Dieu qu'il est la cause première en ce sens que tout dépend de lui, alors que lui ne dépend que de lui-même :

IL EST, tout simplement. Toutes les autres réalités dépendent de lui et exercent les unes sur les autres une influence réciproque : ce sont des causes « secondes ».

Démythisation / Démythologisation. Retraduction d'un mythe ou de l'ensemble d'une pensée mythique dans les concepts et modes d'expression de la pensée rationnelle héritée des philosophes de la Grèce antique. Beaucoup de penseurs, exégètes et théologiens contemporains voient dans nombre de pages bibliques des mythes analogues à ceux proposés par les mythologies du monde antique. Ils se proposent d'en faire une retraduction qui, par-delà des images et « histoires » surannées, en dégage le sens profond, seul acceptable par le rationalisme qui domine la pensée moderne. Le grand maître de cette école est l'exégète et théologien protestant Rudolf Bultmann.

Eschatologie. « Du grec *eschaton*, qui veut dire "dernier". Ce mot signifie la connaissance des réalités dernières (comme le jugement et la parousie du Christ). Par extension [...] on en vient aujourd'hui à appliquer ce mot aux réalités dernières elles-mêmes » (*D.T.,* p. 233) : la fin des temps, la venue du Christ dans la gloire, le Jugement, le purgatoire, l'enfer et le royaume de Dieu complètement réalisé. Ces enseignements, amorcés dans le judaïsme des prophètes et des écrits des derniers siècles, sont longuement développés par le Christ dans les Évangiles synoptiques, puis par saint Paul (Épîtres aux Thessaloniciens et Première Épître aux Corinthiens, notamment) et le livre de l'Apocalypse.

Ésotérisme. Doctrines selon lesquelles sous le sens, perceptible à tous, des Écritures il faut chercher un sens caché, connu de quelques initiés qui se le transmettent en secret, le plus souvent de bouche à oreille. Elles donnent lieu à des sociétés secrètes dans lesquelles on progresse de degré en degré par des initiations successives.

(Chrétiens) évangéliques. Ensemble de communautés chrétiennes indépendantes issues du protestantisme dont elles constituent la pointe la plus extrême. Elles s'appuient volontiers sur une lecture très littérale de la Parole de Dieu (ce qui les fait accuser de « fondamentalisme »), insistant fortement sur la démarche de conversion (par laquelle le croyant est invité à reconnaître Jésus comme « son Sauveur personnel ») et l'accueil des charismes de l'Esprit Saint. Elles accordent une grande place à la lutte contre Satan et sont très réservés par rapport aux recherches œcuméniques.

Gnose / gnostique / gnosticisme. Le terme grec de *gnôsis* (c'est-à-dire « connaissance ») désigne chez les Juifs et les Chrétiens des premiers siècles le fruit d'un effort de l'intelligence pour comprendre dans toute sa profondeur les mystères de la Révélation divine. C'est l'amorce de ce qu'on appellera plus tard la théologie. La gnose est à la fois chemin et contenu du salut puisque c'est la connaissance de la Vérité qui nous rend libres (Jean 8, 32) et que la Vie éternelle n'est pas autre chose que de contempler et connaître dans l'Amour la Vérité divine (Jean 17, 3).

Mais dans certaines sectes hérétiques, que l'on nomme *gnostiques*, se produit une contamination entre la Révélation et des spéculations qui tiennent à la fois de vieilles conceptions païennes et d'un effort rationnel de compréhension du monde (que l'on appellerait aujourd'hui philosophique). « Ces hérésies avaient en commun deux choses : premièrement l'affirmation d'un dualisme radical entre le monde des corps et celui des esprits, et pareillement les principes supérieurs qui régissent l'un et l'autre ; deuxièmement, la révélation prétendue de la série des émanations et combinaisons qui, à partir du Dieu et du principe mauvais, ce dernier plus ou moins étroitement identifié avec la matière, auraient produit le monde actuel » (*D.T.*, p. 283).

Herméneutique. Science de l'interprétation des Écritures. Par rapport à l'exégèse qui utilise l'étude des langues, l'archéologie, l'histoire pour mieux comprendre le sens littéral d'un texte, l'herméneutique élabore plutôt une théorie générale qui en fournit une grille de lecture.

Manichéisme. « Erreur de Manès (ou Mani), née au IIIe siècle de notre ère, qui combine des éléments de judaïsme et de christianisme hérétiques (dans le sens du gnosticisme) avec un fond d'idées mazdéennes (c'est-à-dire dualistes) et extrême-orientales (en particulier bouddhistes). Le trait principal en est un dualisme métaphysique radical, supposant un principe bon, spirituel et lumineux, dans une lutte sans fin avec un principe mauvais, matériel et obscur » (*D.T.*, p. 412).

Monisme. « Se dit de tout système qui exagère l'unité du réel, au point d'absorber l'homme dans le monde, et le monde en Dieu. Le monisme, par suite, tend soit vers le matérialisme, soit vers le panthéisme » (*D.T.*, p. 440). Excluant toute transcendance, le monisme se retrouve aujourd'hui dans les conceptions rationalistes du matérialisme scientiste, comme il est le fondement du panthéisme vitaliste de l'hindouisme.

Mythe / mythologie / pensée mythique. Un *mythe* est un ensemble d'images, le plus souvent organisées en une histoire, à travers lequel l'homme cherche à répondre à ses questions essentielles. Ainsi le mythe de la caverne chez Platon, les mythes de création dans les cosmogonies égyptiennes ou assyro-babyloniennes.

Une *mythologie* est un ensemble de mythes plus ou moins bien organisés de manière à fournir une explication générale de l'univers. Ainsi les mythologies grecque et latine.

La *pensée mythique*, qui domine la plupart des civilisations anciennes, s'oppose à la pensée rationaliste, inventée, semble-t-il, par les philosophes grecs à partir du VIe siècle avant J.-C.

Ontologie. Du grec *on. ontos.* « être, exister ». « Science de l'être, qui est la partie fondamentale de la métaphysique ou philosophie générale » (*D.T.,* p. 481). Par une méditation inépuisable sur le verbe « être », l'ontologie s'interroge sur la (les) signification(s) de celui-ci : qu'est-ce qu'exister ? comment se fait-il que quelque chose existe ? existe-t-il un Être à l'état pur qui ne soit pas limité par le fait d'être « ceci ou cela » ? C'est la manière philosophique la plus abstraite pour aborder le problème de Dieu et de sa relation à l'univers.

Ordinaire (du lieu). L'évêque (ou son délégué) qui a reçu juridiction pour être le pasteur d'une partie du peuple chrétien avec les pouvoirs de l'apôtre envoyé par le Christ.

Scientisme. Idéologie, commune en Occident depuis le XIXe siècle, selon laquelle la science est considérée comme le seul mode de connaissance objective. Selon ses tenants, la science répond ou répondra à toutes les questions que peut se poser l'humanité ; il est vain de chercher d'autres voies de connaissance et il faut repousser comme illusoire toute question que la science ne serait pas en mesure de résoudre. Le scientisme résulte moins d'une démonstration véritablement scientifique que d'une extrapolation faite à partir de la science ; il s'appuie finalement sur un *a priori* pseudo-philosophique dont le professeur Monod démonte parfaitement le mécanisme.

TABLE DES MATIÈRES

Achevé d'imprimer en mai 2005
par la Sté TIRAGE sur presse numérique
www.cogetefi.com

35-28-9033-03
N° d'édition : 9607 - N° d'impression : 050032
Dépôt légal : mai 2005
ISBN : 2-213-03081-2
Imprimé en France